국민도 한마디 합시다

홈페이지 | www.vegabooks.co.kr   **이메일** | info@vegabooks.co.kr
블로그 | http://blog.naver.com/vegabooks
인스타그램 | @vegabooks   **페이스북** | @VegaBooksCo

국민도
한마디
합시다

권기대 지음

VegaBooks

Cause if we listen to
different thoughts and points of views

(왠지 알아? 우리가 나와 다른 생각과 관점에 귀를 기울인다면)

All my brothers and sisters,
we don't have to lose humanity,

(내 모든 형제자매여,
우린 인간성을 잃을 필요가 없거든.)

We're family. So can we please
fix our nation's broken heart?

(우린 가족이야. 그러니 우리 함께
상처 입은 이 나라의 마음을 고칠 순 없을까?)

Can We Fix Our Nation's Broken Heart

('상처 입은 이 나라의 마음을 고칠 순 없을까')에서

작사: 스티비 원더(Stevie Wonder)·몰리 보너(Mauli Bonner)
작곡 · 노래: 스티비 원더

목차

그 마이크를 이제 국민에게 넘기라

대한민국, 2024년의 겨울은 몹시도 잔인했다.
바닥 모를 혼돈을 바라보는 국민은 어지럽다.
한민족의 기묘한 '쇼'에 세계는 호기심 만발,
잔인한 겨울의 칼바람은 그대로 우리 몫이다.

2025년 4월 4일 불확실성의 끝을 보게 된다.
그러나 이미 상처는 입었고 돌이킬 수 없다.
세계는 저만치 앞서나갔고 우리만 바보 됐다.
국민의 상처에 피는 여전히 흥건하고 아프다.
미쳐버린 광장의 화살, 고달픈 민생에 꽂힌다.

느닷없이 깽판 친 윤석열, 하고픈 말 다했다,
뻗대기도 했고 잡혀갔다가 풀려나기도 했다.
최고 권력이 손에 잡힐 듯한 이재명도 흥분,
탄핵 외침과 재판 기피라는 재주를 부려왔다.
탄핵을 주장하기도, 비난하기도 참 난감해진
여당은 엉거주춤 눈치만 보며 지리멸렬이다.

그 사이 조국도 떠들었고 한동훈도 들이댔고
젊은 이준석도 하버드 들먹이며 거품 물었다.

아직 망연자실 앉아 있는 건 이 국민뿐이다.
이리 채이고 저리 부대끼며 구석에 내몰리고
뺨 맞고 하릴없이 당하고만 있던 국민뿐이다.
진보도 보수도 챙겨주지 않는 이 국민뿐이다.

국민이 뭘 잘못했기에 너희들의 뒤치다꺼리?

이젠 국민도 한마디 합시다!
정치꾼들과 동료 시민들, 다 들으시라.

이제 그 마이크를 우리 국민에게 넘겨주시라.
그 큰 입을 닫고 오래 닫아놓았던 귀를 열어
국민의 분노와 비판의 한마디를 경청하시라.

국민이 그대들의 신분·지위·의무를 규정하리라.
그대들의 꽉꽉 막힌 가슴을 세차게 뚫어주리라.
그대들이 저질러온 황당한 잘못을 지목하리라.

당장 그대들이 해야 할 급선무, 낱낱이 들으라.
국민의 말을 듣기 싫은 자는 정치판을 떠나라.

국민이여, 나의 핏줄이자 친구들인 국민이여,
우리 잘못도 반성하고 우리의 권리도 되찾자.
뱀의 혀 같은 선동가들 정치꾼들 믿지 말고
대통령부터 말단 공무원까지 국민의 종들을
슬기롭게 뽑고 우리 손으로 다스려 나가자.
대를 이을 우리 아들딸들, 애처롭지 않은가.
후손을 위해서라도 우리 정신 바짝 차리자.

듣고 있는가, 국민이여, 우리의 무지몽매를
늦었지만 절절히 깨우치고 눈을 크게 뜨라.
4월 4일 선고에 연연할 때가 아님을 알라.

한민족의 미래는 국민 한 사람 한 사람이요,
한민족의 미래는 우리의 아들딸들이 아닌가,
굳건한 각오로 시민 매니페스토에 동참하라.

＊＊＊ 이 책에서 정치인들이나 저명인사의 실명을 사용할 때, 그들의 이름 뒤에 일일이 공식 직함이나 존칭을 붙이지는 않았다. 이는 그분들의 인격을 존중하지 않아서도 아니요, 그 직책을 무시해서도 아니며, 다만 『국민도 한마디 합시다』에서 표현하고자 하는 뜻에 충실하기 위하여 군더더기를 빼는 사회적 관행을 따랐을 뿐이다. 행여 이러한 관행으로 불쾌함을 느끼는 당사자가 있다면 미리 용서를 구한다.

1장

웃음이 사라진 나라

계엄. 내란. 국회 난입. 체포 명령. 탄핵. 소추….
장외 투쟁. 고소 고발. 단식. 협박. 국민저항권….
헌법재판소. 변론기일. 평의. 인용-기각-각하. 선고….

일찍이 듣지 못했던 별의별 용어와 법률 개념들이 난데없이 신문과 방송과 SNS에 난무한다. 수만 명이 광장으로 쏟아져 나와 원수처럼 대치하고 잡아먹을 듯 서로 으르렁댄다. 둘로 쩍 갈라진 나라는 도무지 하나의 국가, 하나의 국민으로 보이질 않는다. 무슨 전쟁이라도 일어난 것인가. 우리는 어찌하여 이 지경에 이르렀는가.

'힘없고 무식한' 국민은 이번 사태가 참으로 황망할 따름이고, 숱한 정치인들이 내뱉는 한마디 한마디가 무섭고 끔찍하고 황당할 뿐이다. 정치인이라기보다는 '정치꾼'이라 불러야 할 저 선동가들을 추종하며 이틀이 멀다고 광장을 가득가득 채우는 저 수많은 동료 국민 역시 두렵고 서먹하기는 마찬가지다.

외통수에 딱 걸린 국민

그저 두려움만 앞선다, 4월 4일 이후에는 온 나라가 정말 결딴나는가 보다, 하고. 어딜 살펴도 빠져나갈 길이 안 보인다. 국민은 정확하게 외통수에 걸린 모양새다.

대통령 탄핵이 인용되어 파면당해도 폭동이 일어난단다.
기각되어 직무에 복귀해도 폭동은 일어날 수밖에 없단다.

이게 전쟁이 아니면 무엇이 전쟁인가.

누구한테 좋으라고 이처럼 어리석기 짝이 없는 우리끼리의 내란이요, 집안싸움인가. 누가 일으킨 전쟁인가. 계엄으로 화를 불러온 대통령이 시발점이었으니, 그가 법과 절차를 어기고 나라를 구렁텅이에 밀어 넣었으니, 윤석열에게 모든 책임을 돌리면 되는 건가. 그를 직에서 쫓아내고 감옥에 처넣기라도 하면 '만사 오케이'가 되는 건가. 그를 쫓아내기만 하면 모든 게 정상으로 돌아가고 국민은 행복해지는가. 그게 그렇게 간단하다면, 왜 국민과 정치꾼들이 전부 철천지원수처럼 갈라져 싸우는가.

대통령 탄핵이 인용되어
파면당해도
폭동이 일어난단다.
기각되어 직무에 복귀해도
폭동은 일어날 수밖에 없단다.
이게 전쟁이 아니면
무엇이 전쟁인가.

우리 국민은 끈질긴 코로나 팬데믹이 늘어뜨린 죽음의 그림자를 간신히 피해 살아났다. 고금리 고환율 고물가의 삼각파도를 힘겹게 헤쳐나왔다. 이젠 정신이 이상한 미국의 지도자가 날려 보낸 관세 폭풍까지 들이닥쳤다. 이러하니, 당장 하루하루 연명할 길조차 쉽지 않은 국민은 이 어마어마한 계엄·탄핵 사태의 머리도, 꼬리도, 당최 이해할 수 없다.

　보수와 진보라는 깃발 아래 헤쳐모여 머리통을 딱 맞대고 서서 사생결단의 모습으로 서로 반대하고 욕하고 배척하는 두 진영의 정치꾼들과 그들을 따라다니는 무리를 도저히 이해할 수 없다. 저 길뿐인가. 저 난폭하고 대결적인 막다른 골목의 대치가 아니면 달리 이 나라를 이끌어갈 방법이 없다는 건가.

　아닌 밤중에 홍두깨식으로 덜렁 계엄을 선포하고 군대를 국회로 보내 장악하겠다고 나선 대통령이란 자는 도대체 무슨 속셈인가. 엄연히 법이 있고, 자신을 보좌하는 국무회의가 있고, 입법기구며 감사기구며 사법기관이 멀쩡히 살아 움직이고 있는데, 이 무슨 난데없는 칼춤인가. 목구멍이 포도청이라 먹고살기도 바쁜 국민은 도무지 이해할 길이 없다. 그런 계엄을 국회가 앞장서서 무효로 만들고 그런 대통령을 내란 수괴라고 지칭하며 탄핵 소추했으니 거기까진 고개를 끄덕이고 수긍하겠다.

그래도 국민은 궁금한 일이 한둘이 아니다.

무엇보다 국회의원이란 자들은 무엇 때문에 헌법재판소의 결정을 진득이 기다리지 못하고 광장 여기저기서 시위를 벌이고 '감 내놔라, 대추 내놔라,' 소란을 일으키는 것인지. 어째서 틈만 나면 탄핵을 기각하라고 아우성치거나, 반대로 탄핵을 인용하라고 갖은 협박을 쏟아내는 것일까. 그들에겐 해야 할 일이 그렇게도 없는가. 보수도 진보도 필요할 때만 국민을 선동해서 이용하고 끝내는 우리 국민을 괴롭히기 위해 만들어진 집단인가.

게다가 밤낮 안 가리고 수만 명씩 광장으로 몰려나와서 힘없는 '민초'들의 생계에까지 흠집을 내가며 탄핵 찬성이나 탄핵 반대를 외치며 핏대를 올리는 저 국민은 또 뭔가. 우리와 같은 국민이 분명한데, 왜 자신들이 정치판의 국가대표라도 된 듯이 목청 돋우어 삿대질인가. 그 외엔 의견을 표현할 방법이 없는 건가. '결국엔 목소리 큰 놈이 이긴다,' 그런 치졸한 논리의 표현인가.

심지어는 멀쩡한 법률을 황급히 바꾸면서까지 헌재를 자기네 뜻대로 구성하고자 한다든지, 헌재는 반드시 자기네 주장대로 움직여야 한다고 윽박지르는 건 무슨 심보일까. 국민은 이 역시 도대체 이해할 수 없다. 헌재가 그나마 4월 4일을 대통령 탄핵 선고일로 지정했으니 망정이지, 그러지 않았더라면 무슨 일이 벌어졌을까, 생각만 해도 오싹하다.

그러니까, 요컨대 국회를 장악한 다수당은 헌재를 못 믿겠다는 얘기인가, 혹은 헌재가 자기들 주장대로 움직이지 않으면 헌재를 요절내고 말겠다는 뜻인가. 혹은 헌재가 그들 마음에 쏙 드는 결정을 내리면 박수로 환호하고, 그들의 뜻과 다른 결정을 내리면 승복하지 않겠다는 심사인가. 그렇다면, 차라리 국회가 미리미리 알아서 대통령을 파면해버리는 체제를 만들지 그랬을까. 왜 판결을 헌재에 일임하는 이런 시스템을 만들어놓았을까. 국민은 당최 알 길이 없다.

이 와중에 국민이 아는 것은 딱 하나뿐이다.
대통령이며 국회의원이며 각 영역의 공무원 등등, 소위 '정치한다는 것들'이 벌이는 이 해괴한 굿판의 폐해는 고스란히 힘없는 국민의 몫이라는 사실이다. 이 정치꾼들 가운데 그 누구도 그 폐해를 짊어지지 않을 것이며, 그에 대한 책임도 절대로, 절대로, 절대로, 지지 않을 거란 사실이다. 권력의 꿀만 빼먹고 끝나면 그뿐이라는 속셈이니까.

국회의원이며, 국무위원이며, 법관들이며, 군경의 지도자들이며, 모두 이 나라를 이끌어 나간다고 으스대는 '대단한' 인간들 아니었던가. 그런데, 누구 할 것 없이 합리와 이성은 찾지 않고 한순간이라도 반성하는 모습은 눈을 닦고 찾아도 없다. 하나같이 제 이익 챙기기 바쁘고, 제 앞길 닦기에만 분주하다.

진보 정당은 보수 정당을 가리켜 '내란 정당'이라 부르면서 해체하라고, 국민이 그걸 원한다고, 아우성이다. 보수 정당 역시 기회만 있으면 진보 정당을 향해 대표는 물러나도 당은 해체해야 한다고 떠든다. 서로를 망하게 만들겠노라고, 없애버리겠노라고, 비난하고 욕하고 고소하고 싸워댈 뿐이다. 어떻게든 힘을 합쳐 더 잘 사는 나라, 더 행복한 국민을 만들겠다는 생각은 추호도 없다.

너희 정치꾼들은 이 나라를 어디로 어떻게 데려가겠다는 건가. 그러고도 결국 고생하고 피해를 뒤집어쓰는 건 국민뿐이라는 사실을 아는지 모르는지, '정치한다는 것들'의 관심사는 단 하나, 오직 한 가지, 권력 쟁탈과 권력 유지뿐이다. 대통령의 권좌에서 물러나지 않으려고 뻗대는 것이나, 결단코 저놈을 쫓아내고 내가 그 자리를 차지해야 한다고 악을 쓰는 것이나, 이 국민의 눈에는 조금도 다를 바 없다.

삼권분립의 대원칙은 어디로 갔을까

그래, 우리 모두 어려서부터 배우지 않았던가, 삼권분립.

삼권분립의 고매한 정신과 그 규칙은 다 어디로 사라졌을까. 민주주의의 주춧돌 가운데 하나라는 삼권분립이 어떻게 실종되었기에, 입법부가 사법부와 행정부를 어르고 압박하는 걸까. 입법부가 그렇게 할 수 있다는 현실의 출발점은 어디 있을까. 아니, 어째서 초선 중진을 가리지 않고 국회의원이란 것들은 대놓고 협박하고, 걸핏하면 탄핵에 탄핵을 꼬리 물어 아예 국정을 마비시키겠다고 서슬 퍼렇게 덤벼드는 걸까.

삼권분립이 무슨 제도인가. 입법과 행정과 사법의 영역이 각자 독립하여 확실히 중립성을 지키면서 서로서로 감시하고 견제해서 멍청한 짓이나 나쁜 짓거리 못 하게 막자는, 민주주의의 똘똘한 원칙 아닌가. 그리고 그런 견제는 위협과 욕설이 아니라, 당연히 헌법과 법률에 따라서 질서정연하게 이루어지는 것 아닌가.

삼권분립이 무슨 제도인가.
입법과 행정과 사법의
영역이 각자 독립하여
확실히 중립성을 지키면서
서로서로 감시하고
견제해서 멍청한 짓이나
나쁜 짓거리 못 하게 막자는,
민주주의의 똘똘한 원칙
아닌가.

"우린 국회 다수당이야. 국민이 우릴 압도적인 다수당으로 만들어줬거든. 이러니 살판난 거지, 우리 멋대로 이끌어보자고. 소수당 저것들은 이제 죽었어, 여당이면 무슨 소용이냐, 모든 정치의 출발인 입법이 우리 손아귀에 들어왔는데. 까불면 탄핵해버려. 우리 맘에 안 들면 국무회의 자체를 날려버리자고."

이것, 괜찮은가? 누가 봐도 안하무인 아닌가.
대한민국은 정말 자유민주주의 국가, 맞는가.

그들 자신은 이런 짓이 자랑스러울까. 하긴, 그 다수당을 지지하는 국민도 마찬가지니 어쩌겠는가. 반대편의 의견이나 해명을 애당초 무시하고 경청하는 법이 없다는 점에서는, 정치꾼들이나 그들을 추종하는 국민이나 똑같다. 다수당의 힘으로 눈엣가시 같은 여당과 대통령의 목줄을 죄어갈 때마다 그들은 박수갈채를 보내며 환호한다. 광장을 가득가득 메우고 피킷을 흔들며 지지한다. 아무래도 겹겹이 쌓여 있는 민생의 다급한 문제나 국민의 장기적인 '삶의 질' 향상 따위는 그들의 눈에 뵈지 않는 것 같다.

거기 맞선 왜소한 여당은 또 어떤가. 그들이라고 조금이나

마 나은 구석이 있는가. 천만의 말씀. 그 지지자들은 기고만장한 야당이 국정을 가로막고 사사건건 반대하며 맘에 들지 않는 고위 공무원들은 물불 안 가리고 탄핵하고 있노라고 입에 거품을 물기만 했지, '협치'라는 가능성은 처음부터 끝까지 아예 노력해볼 생각조차 없다. 지도부라는 것이 계속 얼굴만 바뀔 뿐, 야당의 분탕질에 효과적으로 반격하지도 못하고, 그렇다고 초연한 태도로 민생을 챙기지도 못한다. 한심하다 못해 신물이 난다.

우리나라가 썩어들어가는 첫 번째 원인이 무엇인가?

웃음을 잃은 나라, 국민이 불행하다고 느끼는 나라.
대한민국이 예의 정기를 잃고 썩어들어가는 이유는?

무엇보다 성스러운 삼권분립을 굳건히 지켜야 하건만 도리어 이를 해체하고 있는 바로 저 '정치꾼'들이다. 그중에서도 특히 저 오만한 국회의원들이다. 거들먹거리고 무책임한 데다 염치가 없기로 치면 그 누구도 당할 재간이 없는 저 국회의원들이 대한민국을 망치고 있다. 꼭 해야 할 일을 뒷전에 미뤄놓고 하지 않음으로써, 또 하지 말아야 할 일을 부끄럼도 없이 되풀이함으로써, 이 나라를 썩어 문드러지게 만들고 있다.

진보적인 국회의원이나 보수적인 국회의원이나 더 나을 것도, 더 못할 것도 없다. 하나같이 똑같다. 뻔뻔스러운 아집으로 똘똘 뭉쳐서 진실로 국민을 위하는 일이나 미래 세대의 복지를 도모하는 사업에는 어쩌면 저토록 무관심하고 게으르고 늦어 터졌을까. 왜 그럴까? 우리나라 국회의원들은 왜 하나같이 무례하고 고집불통인 데다 안하무인이며 걸핏하면 입에 게거품을 물고 싸워대기만 하는 걸까. 그 높은 세비를 지급하고, 그 어마어마한 권세도 안겨주고, 활동비까지 챙겨주고, 불체포특권이니, 무슨 면책권이니, 온갖 특혜를 제공했더니 기껏 무슨 짓을 하고 있는가. 국민의 삶을 위한 일은 팽개치고 권력과 부를 향한 아귀다툼에 혈안이다.

그 까닭이 한둘이겠는가.

우선 지적할 수 있는 건, 그런 인간들을 국민의 대표랍시고 뽑아준 우리 국민의 탓이라는 사실이다. 또 있다. 국회의원이라는 종들에게 지나친 권력과 명성과 금전적 대가를 그냥 안겨준 시스템의 탓이기도 하다. 국회의원이라면 마냥 머릴 조아리고 상전처럼 모셔온 오랜 역사와 잘못된 문화의 탓이기도 하다. 국회의원이 무에 대단하다고 그래왔을까.

나는 해외에서 아주 오랜 세월을 살아봤기에 잘 안다. 국회의원이나 그와 비슷한 공무원 '나부랭이'들이 국민의 세금으로 해외 출장만 오면, 그 나라 주재 대사관 직원들이나 교민들에게 어떤 가당찮은 갑질을 해댔는지. (그러므로 내가 나부랭이라는 경멸의 표현을 쓴 것은 다분히 의도적이다) 의원들의 그런 짓거리들이 참으로 황당하고 도리에 어긋남을 잘 알면서도 그런 갑질의 피해자들은 어쩔 수 없이 엉거주춤 오랜 관례에 굴복하고 말았다.

그런 철딱서니 없는 국회의원들의 오만한 태도는 몇십 년 전의 과거에만 해당하는 일이었을까? 지난 수십 년 동안 그들의 어이없는 갑질과 세금 낭비는 조금이나마 개선되었을까? 겸손과 배려 같은 덕목과는 짜장 담을 쌓고 사는 정치꾼들, 참된 의미의 진보와 개선을 알 까닭이 없는 그들이 지금이라고 달라졌을까?

글쎄올시다.

2장

너희들은 모두 우리의 '종'이다

그러나 지금 대한민국이 썩어들어가는 가장 큰 이유는 저들 국회의원들과 공무원들이 자신의 지위를 까맣게 모르고 (혹은 잊어버리고, 혹은 무시하고) 있기 때문이다. 자신들의 지위와 신분을 제대로 이해하고 기억한다면, 오늘날 한반도에서 목격하고 있는 저 치졸하고 포악하고 이기적이며 조직폭력배나 다를 바 없는 국회의원의 무리는 생겨나지 않았을 터이다.

그럼, 국회의원의 지위는 무엇인가?

국회의원은 '종'이다.
국회의원은 국민의 종이다.
모든 공무원이 그러하듯, 국회의원은 국민의 종이다.

영미 국가에서 공무원을 civil servant 혹은 public servant 라고 부르는 데는 다 이유가 있는 것이다. 그런데 우리 국회의원들은 그 사실을 아예 모르고 있다. 아니면, 모른 척하고 있거나. 혹은 까맣게 잊어버렸거나. 자신들이 국민의 종노릇을 하기 위해서 자발적으로 그 자리에 들어가 있다는 엄연한 사실을 무시하고 있다.

국회의원은 '종'이다.

국회의원은 국민의 종이다.

모든 공무원이 그러하듯,

국회의원은 국민의 종이다.

물론 입으로는 틈만 나면 떠들어댄다,
오로지 나라의 주인인 국민만 바라본다고.
만사를 제쳐놓고 민생에만 집중하겠다고.
회의 때마다 벽에 그렇게 써 붙여놓는다.
붙여놓긴 했으나 한 번 쳐다볼 생각조차 없다.

행정부나 사법부를 겁박할 때도 국민 핑계다.
국민이 심판할 것이라며 겁준다.
역사가 기록하고 단죄할 거란다.
핑계는 비겁한 자의 속성이 아닌가.

편 갈라 싸우는 것 외엔 할 일이 없는 이 정치꾼들은 탄핵도 국민을 위해서 했고, 탄핵 반대도 국민을 위해서 했단다. 대통령이 야밤중에 계엄을 발표하고 군대를 국회며 선거관리위원회에 난입시킨 것도 국민을 위해서였단다. 내란죄로 대통령을 구속한 것도, 그를 다시 풀어준 것도, 죄다 국민을 위해서 했단다.

물론 국민의 피 같은 세금을 펑펑 써대며 아무짝에도 쓸데없는 외유를 한 것도 국민을 위한 것이었을 테지. 공정한 선거를 위해 만들어놓은 조직에서 온갖 불법으로 가족 친지들을 고용하고 저희끼리 잔치를 벌이면서도 외부의 감사는 요리조리 거부하는 행태 또한 국민을 위해서였을 테지. 수백억 원의 세금을 들여 굳이 대통령 집무실을 옮긴 것도 국민을 위해서였고, 별의별 핑계와 꼼수를 동원해 재판 일정을 미루고 법의 심판을 회피하는 당 대표라는 사람의 꼴불견도 국민을 위해서였을 테지. 근거도 증거도 없는 인신공격을 일삼고 '아니면 말고'를 되풀이하는 관행 역시 국민을 위해서였고, 평생 피맺힌 한을 안고 사는 힘없는 국민을 돕자는 기구를 만들어놨더니 이런저런 핑계 대며 공금을 횡령한 것 또한 국민을 위해서였을 테지.

들어라, 너희들은 모두 좋이다

너희는 국민을 섬기는, 섬기기로 약속한, 시종이란 말이다.
너희 권력을 위해 국민의 이름을 멋대로 주워섬기지 말라.
에로이코/에로이카(영웅) 칭호는 국민의 몫으로 남겨두라.

아무리 나라가 힘들어도 참고 견디고 끝까지 극복하면서 대
한민국을 세계만방에 빛나게 만든 것은 과연 누구였던가? 결
코, 결코, 너희 정치꾼들이 아니다. 대통령도, 국회의원도, 검
찰도, 법원도 결코 아니다. 그것은 오롯이 힘없고 기댈 데 없
는 국민의 힘이다. 배울 기회도 얻지 못한 채 열악한 공장 환
경에서 가발을 만들었던 여공들, 가족과 생이별하고 남의 나
라에서 피땀을 쏟았던 파견근로자들, 오대양 육대주를 누비며
조국의 제품과 서비스를 팔러 다녔던 직장인들, 일터에서 목
숨을 잃어도 배려받지 못하는 노동자들, 권력에 휘둘리면서도
민주국가의 기틀을 잡아낸 말단 공무원들의 덕택이란 말이다.
너희들은 비겁하게 국민의 공을 앗아가지 말라. 국민이야말로
영웅이다.

정치인이란 알량한 이름 뒤에 숨어, 국회의원이라는 타이틀을 무슨 대단한 권세라도 되는 양 휘두르지 말라. 권력의 쟁탈과 유지에 필요할 때만 비겁하게 '국민' 핑계를 대고, 그렇지 않을 땐 국민을 벼룩 뒷다리만도 못한 존재로 취급하는 야비한 갑질을 감히 저지르지 말라.

분열된 나라를 보듬고 치유하고 화합하라고 국민의 종으로 간택해주었더니, 오히려 갈수록 분열을 조장하고 패싸움만 벌이며 갈등만 최악으로 키워온 너희 정치꾼들 아니더냐? 온갖 종류의 치명적인 국가 분열이 너희 정치꾼들의 가장 도드라진 '레거시(유산)' 가운데 하나가 아니더냐?

너희들은 모두 국민의 종임을 잊지 말라. 오래지 않아 정말로 국민이 그대들을 심판할 날이 오고야 말 터이니. 시간이 많지 않다. 대한민국이 아파서 피고름을 흘리게 만드는 정치·경제·사회·문화·교육의 문제점들, 한둘이 아니다. 너희들이 당장 헛된 싸움을 멈추고 온 정신을 집중하여 노심초사해도 몇 세대가 걸려야 풀 수 있는 엄청난 문제들이다.

정치인이란 알량한
이름 뒤에 숨어,
국회의원이라는 타이틀을
무슨 대단한 권세라도
되는 양
휘두르지 말라.

권력의 쟁탈과 유지에
필요할 때만 비겁하게
'국민' 핑계를 대고,
그렇지 않을 땐
국민을 벼룩 뒷다리만도
못한 존재로 취급하는
야비한 갑질을 감히
저지르지 말라.

국회 회기 중에 몰래 가상화폐 거래나 하는 인간들이 풀 수 있는 문제가 아니다. 온갖 불법과 꼼수로 재산이나 늘리려는 인간들이 풀 수 있는 문제가 아니다. 기회만 나면 세금으로 외유나 하려고 눈을 부라리는 인간들이 풀 수 있는 문제가 아니다. 자식에게 소위 '부모 찬스'나 베풀려고 눈치 보는 인간들이 풀 수 있는 문제가 아니다.

그러나 너희들이 진심으로 성실하게 국민을 아끼고 보살피고 섬길 때, 국가의 미래를 위해 의견과 방식이 다르더라도 한마음으로 손잡고 협력하여 우리 사회의 문제들을 하나씩 풀어 나갈 때, 비로소 국민의 사랑과 감사가 폭풍처럼 너희들을 휘감을 것이다. 그것이 '국민의 종' 된 자들의 진정한 영광 아니겠는가.

계엄·탄핵의 함의를 생각해보는 자, 하나라도 있는가

아무리 무지몽매한 국민이라도 싸움이 벌어지면 그 싸움의 원인을 밝히려 노력하고, 양쪽 모두의 이야기에 귀를 기울이는 법이다. 이는 일상의 생활에서 보통의 국민이 터득한, 흔들리지 않는 진리다. 흑백의 논리가 통하는 영역은 거의 없다는 그 진리를 우리는 살면서 배워왔다.

우리의 삶에서 한쪽이 100% 잘못이고 다른 한쪽이 100% 옳아서 싸움이 벌어지는 경우를 봤는가? '나의 생각'은 절대적으로 옳고, '그들의 생각'은 절대적으로 틀렸다는 사고방식의 어리석음을 굳이 지적해야 하는가? 그런 못돼먹은 이데올로기 때문에 민주사회의 발전이 얼마나 지체되고 있는가?

크든 작든 싸움이 벌어진다면, 반드시 양쪽 모두에 어딘가 부족하거나 틀렸거나 잘못을 저질러서 그런 법이다. 다만 잘못의 '성격'이나 '배경'이나 '정도'가 다를 뿐이지. 사람 사는 이치가 그런 것 아닌가. 그리하여 어느 한쪽이 법에 따라 벌 받는다 할지라도, 그 한쪽이 100% 잘못인 경우는 거의 없다.

우리의 삶에서 한쪽이
100% 잘못이고
다른 한쪽이
100% 옳아서
싸움이 벌어지는
경우를 봤는가?

우리 국민은 그것을 경험으로 다 안다.

　대통령이 계엄을 시도했고 군대를 국회며 선관위로 보냈다. 그렇다, 시쳇말로 '깽판을 친' 거다. 그 행위는 법에 따라 처벌받든지 용서받든지 여하간에 결정될 것이다. 그 결정은 헌법재판소의 몫이라고 법으로 못 박아 놓았으니, 군소리하지 말고 헌법재판소에 맡겨두자. 좀 시간이 걸리면 어떤가. 시간 좀 걸린다고 대한민국 절대 무너지지 않는다. 결정이 좀 지체된다고 해서 법과 상식에 어긋나는 결과가 나올 리 없다. 이 국민은 그것을 확신한다.

　'깽판 친' 대통령을 탄핵해서 파면할지, 용서해서 복귀시킬지, 헌법재판소가 이미 몇 달을 두고 심사숙고하고 있다. 재판관들의 고민이 한둘이겠는가. 밤낮 안 가리며 탄핵하라고 협박, 탄핵하지 말라고 협박, 온 나라가 그들을 잡아먹을 듯 윽박지르고 있으니, 그 고통스러움을 너희들이 감히 상상이나 하겠는가. 너희 정치꾼들과 국회의원들이 제대로 돼먹은 인간이라면, 헌법재판관들이 이런 고뇌의 시간을 지나는 사이, 그들을 협박할 일이 아니라, 진정으로 너희 자신의 태도와 행위를 되돌아보고 생각하고 자성해야 하지 않겠는가.

그가 한 짓을 내란이라 부르고, 그를 내란의 수괴로 지목하는 것은 좋다. 당연히 있을 수 있는 반응이다. 헌법과 법률이 그를 판단하고 처벌할 것임에 틀림없다.

그러나 그런 비난, 손가락질, 경멸, 협박과 동시에, 과연 무엇 때문에 대통령이 저런 '깽판'을 시도했는지 그 진짜 이유를 알고 싶진 않은가? 솔직하게 그동안 대통령과 국회 사이의 '인터랙션(상호작용)'을 생각하고 반성해야 하지 않겠는가. 대통령이 한 짓이 옳았다거나 괜찮았다는 얘기가 아니다. 법리를 따지고 위법 여부를 가리는 것은 헌재가 알아서 하면 될 일이다. 그러나 이 기나긴 사태의 결말을 법적인 판단과 선택에만 의존해서는 안 된다. 그렇게 하면 미래에 똑같은 사태가 반복되지 말란 법이 없다.

다수당이랍시고 너희 마음에 들지 않는 공무원의 탄핵을 밥 먹듯이 줄줄이 소추했다. 그건 팩트다. 그 탄핵이 헌재에 의해서 또 줄줄이 기각되지 않았던가. 그 역시 팩트다. 그러니, 한 번쯤은 스스로 돌이켜봐야 하지 않겠는가. 대통령이 파면된다고 해서 저간의 내력과 배경과 촉발 사유와 국민에 미치는 영향이 구름 걷히듯 사라지겠는가. 제대로 된 시민의식을 지닌 사람들이라면 이 모든 과정을 잊지 않을 것이다.

　우리 무지몽매한 국민도 싸움이 벌어지면 당연히 그 이유를 뚜렷이 밝히고 싶지 않은가 말이다. 이것이 너무 어려운 지나친 바람일까? 그런 배경조차 아예 알고 싶지 않고 귀 기울이기조차 싫다면, 그렇다면, 너희들은 대통령이나 꼭 마찬가지로 나쁜 (조금도 더 나은 구석이 없는) 불성실하고 돼먹지 못한 '국민의 종'이다.

　보수를 자처하는 정치꾼들과 진보를 기치로 내건 정치꾼들에게 똑같이 물어봐야겠다. 작년 12월 사건이 터진 이후 오늘에 이르기까지 터질듯한 감정을 차분히 억누르고 '계엄이란 상황에까지 이른 내력' '대통령이 깽판 친 이유'를 솔직하고 심도 있게 그리고 공평하게 훑어본 국회의원이 있었던가? 천만의 말씀, 그런 국회의원은 단 한 사람도 없는 것 같다. 공정과 정의를 입에 달고 사는 국회의원들 아니셨던가. 기나긴 탄핵의 과정, 그대들의 피 튀기는 싸움질에서 공정과 정의는 눈을 씻고 보아도 찾을 수 없었다.

　진보든 보수든 그런 양식과 합리성을 지닌 국회의원은 한 사람도 없는 것으로 보인다. 계엄 이후 지금까지 너희들이 한 짓은 딱 한 가지뿐이다. '탄핵해서 파면하라' 또는 '탄핵을 기각하라' 핏대를 세우며, 추종하는 국민을 주말마다 광장으로 불러 모으고, 헌법재판소를 향해 눈을 부라리며 재판관들에게 부당한 스트레스만 안겨주고, 그러면서 너도나도 자기네가 '국민의 소리'를 따르는 것이라고 악을 쓰는 일뿐이다.

뭣 때문에 탄핵을 기각하라느니, 인용하라느니, 헌재를 끊임없이 압박하는가. 헌재에는 바보들만 모여 있다는 얘기인가. 걸핏하면 '국민의 소리' 운운하는데, 그럼 너희들은 국민의 소리를 잘 듣지만, 헌재 재판관은 국민의 소리를 듣지 못한다는 얘기인가.

그리고 물어보자, 무엇이 국민의 소리인가? 탄핵하라는 외침이 국민의 소리인가, 아니면 기각하라는 아우성이 국민의 소리인가? 누가 감히 그걸 결정하는가? 이렇게 양측이 대치하고 갈등하면서 싸워대면 합리적인 결정이 이루어지는가? 그럴 거면, 헌재는 왜 만들었으며, 탄핵의 최종 판단은 왜 헌재에 맡겨두었나?

3장

둘로 쩍 갈라진 나라

우리나라 정치인들에겐 공(功)도 있고 과(過)도 있다. 물론이다. 하지만 그런 원론적인 평가는 잠시 접어두자. 어느 나라의 어느 정치인인들 안 그렇겠는가. 어느 기업인인들 안 그렇겠는가. 인간이란 원래 완전할 수 없다는 따분한 진리를 되뇔 필요가 있겠는가.

그러나 우리 정치인들의 모든 '공'을 다 더해도 무색해질 만큼 엄청나게 무거운 '과', 돌이킬 수 없을 정도로 무서운 '과'가 있다. 바로 대한민국을 전대미문의 '단절' '분열' '갈등' 상태로 만들어놓고 지금까지 단 한 치도 회복시키지 못한 잘못이다. 아니, 회복하기는커녕, 기회만 있으면 그런 분열을 조장하고 부추기는 잘못이다. 여기에는 야당·여당이 따로 없고 진보·보수를 가릴 필요가 없다. 아니, 이 점에서는 심지어 우리 국민 전체도 그 비판에서 자유로울 수 없다. 분열은 우리 모두가 저지른 잘못이다.

대한민국을 전대미문의
'단절' '분열' '갈등' 상태로
만들어놓고
지금까지 단 한 치도
회복시키지 못한 잘못은
용서받기 어렵다.

어째서 이토록 서로 미워하는가

　가난하고 힘없는 민족이어서 남의 나라 속국이 되었다가 남과 북으로 갈라진 것만 해도 치가 떨리도록 원통하고 분할진대, 이제 대한민국은 보수와 진보로, 영남과 호남으로, 부자와 빈자로, '탄찬'과 '탄반'으로, 남과 여로, 노와 소로 갈기갈기 찢어지고 철두철미 분열되어 있다. 아무도 이 사실을 부인하지 않을 터이다. 어쩌자고 이러는 걸까.

　의견이 나누어짐은 전혀 문제 될 일이 아니다.
　아니, 인간들의 생각이 모두 한결같고 서로 다르지 않다면, 그것이 더 큰 문제다. 안 그런가.
　다양성 없이 무슨 희망과 성장을 바라겠는가.

　나는 지금 건전하고 상식적인 '의견의 다채로움'을 얘기하는 게 아니다. 객관성과 이성에 기반을 둔 '견해의 대립과 논쟁'을 얘기하는 것도 아니다. 나는 지금 '고착화'하고 '폭력화'했으며 '만성적이고 치명적인 질병'으로 변해버린 대한민국의 볼썽사나운 분열과 갈등을 얘기하고 있다. 반복해서 말하고자 한다, 우리의 깊고 섬뜩한 분열은 '치명적인 고질'이다. 그러므로 우리 정치인들을 향해 쏘아붙여야 할 첫 번째 화살의 타깃은 바로 이러한 국가적 분열을 치유할 책임을 내던지고 거꾸로 그 갈등을 악용해온 그들의 엄청난 과오다.

내가 틀릴 수도 있음

그리고 그것은 대한민국의 가장 해묵은 정신적·문화적 폐단이 되어 있다. 이 정도면 아주 깊은 병이다. 슬프게도 가까운 미래에 조금이나마 나아질 기미조차 보이지 않는다. 극도의 퇴행성을 보인다. 그렇게 고집스럽게 갈라선 두 편은 아예 상대의 의견에 귀를 닫아버린 지 오래다. 진보·보수 어느 쪽도 '내가 틀릴 수도 있음'이라는 만고불변의 진리에는 콧방귀도 뀌지 않는다. 이런 나라에 무슨 희망이 있겠는가.

여야를 막론하고 정치꾼들은 모두 우선 반대부터, 비난부터, 조롱부터 하고 본다. 마치 상대를 깎아내리지 않으면 나의 명성에 금이라도 간다고 믿는 것 같다. 나의 적을 향한 날카로운 화살이 될 수만 있다면, 사실인지 아닌지 따져볼 겨를도 없이 거짓 뉴스를 마구 퍼뜨린다.

나중에 그것이 거짓으로 판명되어도 얼굴조차 붉히지 않는다. 사과할 생각은 아예 없다. "아니면 됐고요..."로 얼버무리고 만다. 보수와 진보를 가리지 않고 한심한 정치꾼들에게서

진보·보수 어느 쪽도
'내가 틀릴 수도 있음'이라는
만고불변의 진리에는
콧방귀도 뀌지 않는다.
이런 나라에
무슨 희망이 있겠는가.

우리 국민이 수없이 봐왔던 모습 아닌가. 한 나라와 한 국민을 이끌고자 하는 정치인이라면, 국민을 하나로 단단히 뭉친다는 과제는 가장 근원적이고 기초적인 임무 아닌가. 나라를 갈라놓고 뭘 통치하자는 것인가.

그런데도 분열의 골은 전방위적으로 깊어만 간다. 갈수록 태산이다. "너, 진보 성향이구나? 너 같은 애들 때문에 나라가 안되는 거야!" 정치적 좌우가 다른 젊은 남녀는 연애도 결혼도 하기 어렵단다. "당신이 보수 꼴통 성향이라서 아예 대화 자체가 안 된다니까!" 정치적 성향이 다르면 가족 사이 부부 사이에도 대화가 안 된단다. 좌우 색깔이 다르면 50년 지기들도 입에 거품 물고 싸우거나 손찌검까지 한단다. 그 때문에 친구들과도 동석하기가 꺼려진단다. 이게 뉴 밀레니엄 초반부에 우리 국민이 만들어내고 있는 공동체의 실제 모습이다.

이것이 우리의 '서로 다름'이 안고 있는 폭탄이다.

생각해보라, '서로 다름'이야말로 세상을 아름답게 살맛 나게 만드는 최고의 향료다. 그런 귀하고 소중한 다양성이 어쩌다 이 한반도에서는 이처럼 무시무시한 괴물로 둔갑해버린 것일까. 왜일까? 무엇이 문제일까?

첫째는 생각이 얕고 자아가 약해서 휘둘리기 쉬운 이 나라 국민 탓이다. 그 뿌리에는 수백 년을 두고 고쳐지지 않는 그릇된 교육, 권력에의 무조건 복종을 요구하는 의식, 반대 의견을 도무지 못 견디는 자만과 고집이 자리 잡고 있다. 그 위에 저 알량한 '표심'만 좇으며 거짓말만 일삼는 정치꾼들 탓도 크다. 좌우를 따질 것 없이 이 눈먼 정치꾼들은 자신들의 이익을 위해 깊고 깊은 분열과 갈등의 심연을 오늘도 만들어내고 있다.

분열을 악용하니까 분열이 깊어지는 거다.

남북 분단으로부터 70여 년이 훌쩍 넘은 지금까지도 이 치명적 '갈라치기' 병은 회복의 실마리조차 보이지 않는다. 그렇다, 이젠 그만둘 때도 되지 않았는가. 이젠 보수 대 진보의 대결도 오로지 국민의 행복과 복지 증진을 위해서만 써먹어야 하지 않겠는가. 이젠 영남과 호남을 갈라놓았던 단절의 벽을 단호히 허물고, 고속도로만 닦을 게 아니라 양쪽 주민들의 마음을 이어줄 정신적인 교량을 놓아야 하지 않겠는가.

그러나 정치인들이 앞장서서 단합의 길을 치열하게 연구하고 단호하게 실행하지 않는 한, 무슨 희망이 있겠는가. 이 나

분열을
악용하니까
분열이
깊어지는 거다.

라의 분열은 워낙 골이 깊은 데다 장기지속의 영역에 속해 있어서, 그 치유에는 몇 세대가 걸릴지도 모른다. 정치권의 선제적이고 적극적인 이니셔티브가 필요한 이유다.

분열의 치유를 국민에게 맡기는 것은 하나의 이상일 뿐, 실현 불가능이다. 혹은 그렇게는 너무 오랜 시간이 필요하고 지나치게 큰 희생을 치러야 할 것이다. 성실하고 지혜로운 정치인들이 나서서 "이젠 분열과 갈등, 제발 그만!"을 외치며 적극적으로 주도하며 통합의 정책을 펼쳐줘야 한다.

당장은 아득해 보이고 요원하게 느껴져도, 일단 시작하고 나면 틀림없이 길이 나타나게 마련이다. 극도로 갈라선 국민이 분열의 심각한 폐해를 깨닫게 도와주고 서로서로 마음과 귀를 열도록 유도할 다양한 제도와 규제와 문화를 양성하는 것은 정치인들의 몫이다.

원론적 주장만 되풀이해서는 아무것도 이룰 수 없다.
국민이 건전한 다양성에 익숙해지도록 이끌어야 한다.
싫어도 반대 의견을 경청하는 문화를 정치가 주도해야 한다.

광장정치가 정말로 최선의 방법일까

광장정치는 필요하다.
옳은 말이라고 생각한다.

광장정치가 민주주의의 발전에 전반적으로 긍정의 요소라는 데는 이의를 달고 싶지 않다. 국민의 자발적인 의사 표현의 효율적인 한 방법이니까. 국민이 촛불을 들고 나서는 것, 역시 필요한 일이라고 생각한다. 그래서 국민은 삼삼오오 여기저기 모이고 구호를 외치고 노래 부르고 플래카드를 펼쳐 든다. 좋다. 자유민주주의 사회에서만 누릴 수 있는 특권이다.

하지만, 그럴까, 그뿐일까? 수만 명의 시민이 운집해서 세상이 떠나가라고 자기네 하고 싶은 말만 실컷 떠들고 가버리면 그뿐일까? 시위가 끝난 후 쓰레기를 처리하고 폭력 사태 없이 집으로 돌아간다고 해서, 그것이 성숙한 시민의식의 발로라고 자위하는 것으로 충분한 것일까? 광장정치의 피해나 폐단은 없는 것일까?

광장정치는 온라인에서도 성행한다. '전달·공유'라든지 '댓글'과 '좋아요' 등의 시스템을 통해서 퍼지고 확산하면서('바이럴') 서로 북돋우기도 하고 반대파와 격론도 벌이고 더러 패싸움도 벌인다. 좋다. 과격해지거나 비합리적으로 악화하지만 않는다면 긍정적인 소통으로 승화할 수 있다는 말이다. 그런데 온라인 광장에는 구석구석 고약한 괴물들이 숨어 있다. 턱도 없는 거짓 뉴스, 황당한 음모론, 포퓰리즘, 양극화 따위의 독버섯을 키우고 퍼뜨리는 유튜버나 인플루언서라는 괴물들, 그리고 이에 부화뇌동(附和雷同)하여 줏대 없이 들뜨는 네티즌이라는 괴물들이다.

　그래서 국민은 묻는다, '광장정치가 능사일까?
　광장정치가 가장 합리적인 최선의 방법일까?'

　'능사일까?'라고 묻는 까닭은 그것이 널리 (특히 청년과 젊은 직장인들 사이에서) 능사처럼 받아들여지고 있기 때문이다. 광장정치는 과연 가장 바람직한 국민의 의사 표현 방식일까. 광장정치보다 좀 더 합리적이고 안전하고 진정한 의미에서 더 민주적인 대안은 없을까. 설사 광장정치의 모든 측면이 국민의 의사 표현 수단으로 합당하다 하더라도 그 부작용이 심대하다면

그래서 국민은 묻는다,
'광장정치가 능사일까?
광장정치가
가장 합리적인
최선의 방법일까?'

마냥 이대로 두어도 괜찮을까. 신중하게 생각해볼 이슈다.

　모두 경험하지 않았는가? 계엄 사태가 벌어진 이후로 거의 주말마다 광장은 인파로 넘쳐났고, 교통 통제는 엄청난 불편을 초래했고, 피로한 경찰은 속절없이 동원되었고, 소음은 국민의 귀를 아프게 했다. 금전적인 피해는 말할 것도 없고 자원 낭비라는 면의 손실은 이루 말할 수 없다. 광장에 모여서 떠드는 사람들은 모르는 것일까, 아니면 자신들의 주장과 고집의 표출이 시민의 안전과 편의와 평화보다도 몇십 배 몇백 배 더 중요하다고 믿는 것일까.

　서울의 대규모 시위는 내·외국인 관광에도 부정적 영향이다. 시위대와의 충돌, 교통 문제, 문화 콘텐트 체험이 어려워진 점 등이 타격을 준다. 관광객 수나 소비액에서 1위인 중국인들은 보통 1월~2월에 우리나라를 많이 찾아, 실제로 이번 계엄·탄핵 사태 중엔 피해가 컸다고 한다. 내국인 관광도 줄었고 헌재 인근 상점의 매출은 50% 이상 줄었으며 적자를 못 견뎌 폐업하는 업장도 있었다.

　교활한 정치꾼들과 선동가들은 자기들을 지지해주는 국민

을 부추겨 수만 명씩 광장으로 불러낸다. 그 반대편의 정치꾼들과 선동가들이라고 가만 있겠는가. 그들 역시 수만 명의 국민을 광장에 동원한다. 그러나 온종일 시끌벅적하게 목청 높여 '자기주장'만 늘어놓았지, 그 뒤에서 피해를 보고 손해를 감내하고 불편을 겪는 수많은 '동료 시민'을 생각하는 인간은 하나도 없다. 말 한마디 못 하고 광장정치의 폐단을 고스란히 감수해야 하는 '동료 국민'에 대한 배려는 눈을 닦고 찾아봐도 없다. 입만 열면 '민생'을 외치는 정치꾼들은 다 어디로 갔을까.

4월 4일은 헌법재판소의 판결이 선고되는 날이다.

온갖 협박과 폭언이 여러 달째 온-오프라인으로 난무했던 상황이라, 경찰은 그야말로 '초-초-초' 비상사태다. 이미 극도의 스트레스 속에서 고된 업무를 견뎌온 애꿎은 경찰은 또 무슨 죄인가. 헌재 주위에 겹겹이 '차벽'을 세우고 일대를 아예 '진공화'했단다. 당일 지하철 열차도 가까운 역에선 정차하지 않고 지나친단다. 주변의 식당들은 이날 아예 문을 닫아버리기로 했단다. 아니, 주변의 학교들조차 임시휴교 조치란다.

무슨 전쟁이라도 터진 줄 알겠다.

왜? 헌재의 결정이 있는 날이라서?

헌재의 결정 때문에 이 난리라고?

헌재 선고가 무슨 선전포고란 말인가?

국민은 도통 이해할 수가 없다.

헌재가 탄핵을 인용해도 비상사태!

반대로 탄핵을 기각해도 비상사태!

그럼, 대체 어쩌자는 이야기일까?

왜 이 꼴인가? 따지고 보면 극단적인 광장정치 때문이다.

진보와 보수를 가리지 않고, 헌재의 결정이 자기네 뜻과 다르면 절대 좌시하지 않겠노라고 칼을 갈고 폭동을 벼르는 얼빠진 일부 국민과 정치꾼들 때문이다. 귀가 얇은 국민을 무더기로 광장에 불러 모은 정치꾼들은 이 광장정치의 극단적인 갈등 효과를 미리 몰랐을까. 아니면 그걸 알고서 교묘하게 이용해먹은 것일까.

그럼, 해결의 실마리는? 이 역시 정치인들의 슬기롭고 합리적인 이니셔티브가 반드시 요구되는 영역이다. 그들이 자발적으로 나서야 한다. 그런데도 그들은 정반대로 움직이고 있다. 최근 온 국민이 경험했던 것처럼, 오히려 국민을 자극하고 꼬드겨서 광장으로 불러내고 있는 것은 그 정치인들이 아닌가 말이다. 이 문제 역시 국민이 자발적으로 나서서 스스로 해결할 수 없다. 분열과 갈등을 풀기 위한 실마리와 마찬가지다. 정치인들이 나서서 이렇게 말했어야 한다.

"힘들겠지만 자제합시다, 여러분. 결정은 헌재가 할 일이지, 우리의 몫이 아닙니다. 어떤 식으로든 헌법재판소나 재판관을 겁박하는 행위는 계엄을 선포하고 국회에 군을 투입하는 짓이나 꼭 마찬가지로 위법이고 위헌입니다. 우리를 지지해서 이렇게 모여주신 것은 고맙지만, 우리 모임 때문에 피해 보는 동료 시민들을 배려합시다. 가능한 한 동료 시민의 불편이 없도록 배려합시다. 나를 반대하는 사람의 의견에도 최소한 귀를 기울입시다. 뜻이 다르더라도 서로 싸우거나 폭력·폭언은 절대 쓰지 맙시다."

한심한 정치꾼들이여, 이게 그리도 어려운가?

어떤 식으로든
헌법재판소나 재판관을
겁박하는 행위는
계엄을 선포하고
국회에 군을 투입하는 짓이나
꼭 마찬가지로
위법이고
위헌입니다.

4장

인간과 인간의 사업은 완전할 수 없다

법이 모든 상황에 대한 답을 주는 것은 아니다

이번의 소위 계엄 사태에서는 또렷하지 않은 '회색 지역'이 정말 많이 나타났다. 법을 전공했다는 전문가들도 '그렇다 vs 안 그렇다'로 나뉘어 논쟁만 벌일 뿐, 속 시원한 결정은 그 누구도 내려주지 않는다. 그 결정을 누구에게, 혹은 어떤 기구나 조직에, 맡겨 일임한다는 공동체 차원의 약속조차 아예 없는 경우도 많다.

왜 그럴까? 국정 운영의 속성상 칼로 자르듯이 흑백으로 구분하는 것이 애당초 불가능하기 때문이다. 인간 만사가 그렇지 않은가. 국민의 하루하루도 회색 지역의 연속이 아닌가. 정치라고 해서 다를 바 없다. 국민은 그렇게 생각한다.

법률 또한 마찬가지여서 인간의 행동과 사고를 완벽하게 예상하여 만들어진 완벽한 법률이 어디 있겠는가. 인간이 저지르는 행위와 그런 행위로 인해 생길 수 있는 모든 상황을 무슨 수로 철두철미 예측하고 대비하겠는가. 인간이 불완전한 존재이니, 인간이 벌이는 모든 사업과 인간의 관계와 인간의 시스템인들 무슨 수로 완벽할 수 있겠는가.

상황이 이러하다 보니, 안 그래도 힘없는 무지렁이 국민은 시시각각 급변하는 사태에 한마디로 더욱 어리둥절할 따름이다.

대통령이 군대를 국회로 진입시키는 등 '깽판 쳤으니' 탄핵 소추당한 것은 이해됐다. 그래서 국무총리가 그 책무를 대신 하는 것까지도 알겠다. 그런데 그 대통령 대행을 또 날름 탄핵했으니, 이건 또 무슨 조화인가. 그래도 이런저런 이유가 있다고 하니, 거기까지도 이해할 수는 있겠다. 그런데 이건 또 무슨 일인가, 야당은 기어코 대행의 대행을 향한 탄핵에까지 정식으로 나섰다. 그것도 대행 탄핵의 위헌 여부를 가리는 헌재의 판정을 코앞에 두고서.

국민은 아무리 봐도 이런 상황을 정상적인 국정의 진행으로 받아들이기 어렵다. 이런 일이 가능한 것은 야당이 국회를 압도적인 다수의 힘으로 장악했기 때문이다. 다른 말로 표현하자면, 그처럼 야당이 국회를 장악할 수 있도록 국민이 선택해 주었기에 가능했다. 그렇게 거대 야당을 만들어준 국민은 지금도 그 선택이 옳았다며 '행복'해할까. 이 글을 쓰고 있는 이 국민은 모르겠다.

2025년 3월 24일 헌재는 한덕수 대통령 대행을 향한 국회의 탄핵을 '기각'했다. 즉, 거대 야당을 향해 헌재가 이렇게 말한 것이다.

"너희가 그를 탄핵한 건 잘못이야. 틀렸다고."

그런데 깜짝 놀랄 일은 바로 그다음 날 일어났다.

거대 야당이 다시 칼을 들고 이렇게 덤빈 것이다.

"아냐, 그래도 우린 그를 다시 한번 탄핵할 거야."

거기서 공세를 멈추었다면 그나마 괜찮았을 것이다.

그런데 며칠 후 야당은 다시 칼을 집어 들었다.

"마은혁을 헌재로 보내지 않으면 대통령 대행에 복귀한 국무총리를 '한 번 더' 탄핵할 거야. 그래도 우리 말을 안 들으면 부총리까지 탄핵은 물론이고, 아예 국무위원들을 차례로 모두 탄핵해버릴 거야."

오호라, 이걸 국민은 어떻게 이해해야 할까?

마은혁의 헌재 재판관 임명? 그것이 대한민국의 살림을 맡은 행정부의 유일한, 혹은 가장 중대한, '책무'인가? 마은혁이 임명되기만 하면, 대한민국의 다른 모든 국정은 죽이 되든 밥이 되든 상관이 없다, 이런 말인가? 혹은, 거꾸로 말해서, 마은혁이 임명되지 않으면 대한민국이 망하기라도 한다는 얘기인가? 마은혁이 임명되지 않으면 헌재가 기능 마비 상태에 빠지기라도 하는 것인가? 마은혁이 임명되기만 하면 지금 우리 국민의 피눈물 나는 온갖 민생 문제며, 트럼프 2기 정부 출발 이후 국제적으로 '고아 취급' 당하고 있는 우리나라의 외교 문제며, 국민의 대부분이 무감각에 빠져버린 북한의 핵 위협이나 안보 문제들이 눈 녹듯이 사라지기라도 하는 것인가?

　그 행간에 이런저런 크고 작은 이유나 그럴 수밖에 없는 사정이 있다고 치자. 그래도 그렇지, 헌재의 꾸중을 들은 바로 다음 날 사과하거나 미안해하기는커녕, 그 꾸중에 정면으로 대들겠다는 고약한 심보는 도대체 뭐란 말인가. 이미 야당의 고위 공무원 탄핵이 헌재에 의해 기각된 사례가 도대체 몇 번인가. 그야말로 '줄줄이 기각' 아니었던가 말이다. 그럼, 헌재의 판결을 경청하고 승복하고 따를 생각이 애당초 없었다면, 야당은 왜 굳이 탄핵을 시도해서 헌재의 판단을 묻고 기다렸

을까. 이것도 국민을 위해서인가? 그들을 박수로 환호하면서 국회 다수당으로 만들어준 국민의 상당수조차 이런 몰상식한 태도는 탐탁지 않을 것이다.

압도적인 다수로 국회를 좌지우지할 수 있는 야당이니까, 탄핵은 그저 그들 맘먹기에 달려 있다. 그러나 일단 소추당한 해당 공무원은 어떤가. 몇 달이 걸릴지 모를 헌재의 결정까지 하릴없이 '두 손 놓고' 놀 수밖에 없다. 대행의 대행까지 탄핵 하겠다더니, 이젠 대놓고 국무회의 자체를 공중분해 하겠다고 공공연하게 경고하고 나섰다. 대한민국은 입법부 다수당의 결 정으로 행정부의 핵심이 그냥 공중분해 되어도 괜찮은 나라 인가.

놀랍다. 그다음엔 어떻게 되는 노릇인가. '대행의 대행의 대 행'부터는 새파랗게 겁먹고 국회 다수당의 얘기를 고분고분 듣게 된다는 얘기인가. 그게 정녕 야당이 원하는 것일까. 그게 바람직한 일인가. 지향점과 견해는 달라도 야당이나 여당이나 국가와 국민을 위해 만들어진 정당 아닌가. 국민을 위해서 국 정을 운영할 목적이 아니라면, 정당들은 권력을 잡아서 도대 체 뭘 하려는 걸까.

국민을 위해서
국정을 운영할 목적이
아니라면,
정당들은 권력을 잡아서
도대체 뭘 하려는 걸까.

어쩌자는 얘기일까.

국정 전반이 입법부의 입맛대로 움직여야 한다는 논리?

오래전부터 경찰과 검찰의 권력 남용 사례가 끊이질 않더니, 이젠 말하자면 판이 뒤바뀐 모양이다. 국무위원들을 줄줄이 탄핵하겠다고 공언하는 입법부가 생소할 뿐 아니라 무서워 보이기까지 한다. 게다가 검사나 판사도 맘 내키면 마구 옥박지르고 탄핵도 하는 걸 보니, 사법부조차 입법부의 심사를 거스르면 안 되는가 보다.

이게 옳은 일인가? 청문회라든지 그와 비슷한 명목으로 국회에 불려 나온 고위 공무원들이나 떵떵거리는 재벌 기업인이나 기세등등한 군 장성들의 태도를 보라. 마치 대역죄라도 저지르고 벌 받으러 나온 것처럼 머리를 조아리고 전전긍긍하는 인간들뿐이다. 그걸 보면 입법하는 자들의 권세는 그야말로 무소불위인가, 싶다. 어쨌거나 국민은 모르겠다. 왜 저 무능해 빠진 국회의원이라는 집단만 유독 콧대가 하늘을 찌르는 기고만장인지. 정치 돌아가는 원리나 법리를 알 리 없는 국민은 답답할 뿐이다.

야당을 국회의 압도적 다수당으로 만든 것이 국민이니까, 그 다수당이 하는 짓도 모두 국민의 뜻인가?

　뭐든 국민의 뜻이라 핑계 대고 밀어붙여도 되는 걸까.

'내란 수괴 윤석열.' 이 호칭, 괜찮은 건가

대통령 탄핵이 인용 혹은 기각으로 결정되기 훨씬, 훨씬 전부터의 일이다. 정식으로 파면되어 물러난 사람도 아닌데, 이미 호칭은 '내란 수괴 윤석열'으로 못 박혀버렸다. 소추당한 대통령이라고 말끝마다 그를 또박또박 대역죄인으로 지칭하는 버릇이 어느새 굳었다. 워낙 국가비상사태라고 하니, 예절의 문제는 제쳐두자. 그런데 법리적으로 문제는 없는 건가. 그런 호칭에 아무런 문제가 없다면, 이재명을 가리켜서도 매번 '대장동 사건 범인 이재명' 혹은 '허위사실 공표 범인 이재명'이라 불러도 무방하다는 의미인가.

박찬대만 그렇게 조급하고 경박하고 되바라진 호칭·표현을 일사불란하게 사용하는 건 아닐 터이다. 이건 진보·보수를 구분할 필요도 없이 되풀이되는 무례함이요, 하나도 득 될 게 없는 비효율적인 언어공격이다. 물론 윤석열을 몹시 싫어하여 이런 행태에 박수를 보내는 조급하고 경솔한 국민도 적지 않겠지만, 반대로 그 효과 없는 무례함을 불편하게 여기는 국민도 상당히 많을 것이다. 그런 사실을 '국민의 종' 박찬대는 전혀 모르는 것일까. 정치적 전략이란 관점에서 봐도 이런 근시안적이고 유치하고 저급한 태도는 '빵점'이다.

좋다, 고상한 유머 감각 같은 것은 우리 정치인들에게서 애당초 바랄 수도 없는 사치다. 게다가 하나같이 진심에서 우러나오는 예절이라곤 '밥 말아 먹은' 정치꾼들이니까 그러려니 한다. 그렇더라도, 법적으로는 괜찮은 일인가? 박찬대의 경우는 좀 유난스럽다. 그는 광화문에서 열린 한 집회에서 헌법재판관의 이름을 하나하나 호명한 적이 있다. 물론 탄핵 인용을 촉구하는 뜻이었다. 그러나 보수 성향으로 알려진 재판관의 이름에 이르러서는 "국민의 신임을 배신하지 말라. 을사오적의 길을 가지 말라"고 일갈했다. 무슨 자격과 배짱으로 자기가 감히 국민의 신임을 이러쿵저러쿵 정의 내린단 말인가. 게다가 헌재 재판관을 공개적으로 위협·겁박하는 것은 엄연히 범법행위임을 몰랐을까. 그럴 거면 헌재에 맡기지 말고 아예 국회에서 파면해버리지, 그랬을까.

대통령이 한밤중에 느닷없이 계엄을 선포하고 무기 든 군인들을 국회로 투입했으니, 탄핵을 시도하는 건 충분히 이해가 간다. 헌법재판소의 결정도 '법과 상식'이라는 기반 위에서 내려질 것으로 국민은 믿어 의심치 않는다. 그러나 헌재가 이를 선고하기도 전에 마치 이미 탄핵 인용이라도 결정된 것인 양 죄인 취급하는 건 또 뭔가? 그 정도의 참을성도 없이 무슨 정치를 한다고 나섰을까. 소위 '무죄 추정의 원칙'은 어느 쥐구멍에 들어가 숨었기에 꼬리도 안 보이는 걸까.

헌재 결정에 왜 우리가 승복합니까

그러니 헌법재판소가 대통령 탄핵에 관해 어떤 결정을 내리든 무조건 승복하겠다는 약속을 야당은 아직도 못 하는 것이다. 국민은 그 속셈을 헤아릴 수 없다. 정치인들이 아니라 일반 시민이라 해도, 민주사회를 위한 기본 지식만 있다면 헌재 결정에 대한 무조건 승복은 일찌감치 했어야 마땅한 일이다.

헌재의 판단이 무엇이든 야당은 조건 달지 않고 깨끗이 승복하겠노라고 일찌감치 선언했어야 했다. 그랬어야 아직 정의가 살아있는 정당이다. 4월 4일 헌재가 윤석열을 파면하든, 직무에 복귀시키든, '미리' 승복을 약속하지 않은 것은 야당의 잘못이다. 두고두고 후회하게 될 실수다. 4월 4일의 선고가 무엇이든, 그 사실은 변할 수 없다.

국민이야 죽건 말건, 정치가 '올 스톱' 되건 말건, 민생이야 말라비틀어지건 말건, 잠깐 상승하는가 싶던 국운이야 꼬꾸라지건 말건, 일단 권력만 쟁취하고 권력만 지키면 된다는 한심한 정치꾼들. 명색이 한 나라의 국정 운영에 힘을 보태겠다고

4월 4일 헌재가
윤석열을 파면하든,
직무에 복귀시키든,
'미리' 승복을
약속하지 않은 것은
야당의 잘못이다.
두고두고
후회하게 될 실수다.

나선 국민의 종들 아닌가. 선거에서 무슨 교활한 수를 쓰든 한 표라도 더 얻는 것만이 최대의 관심사이며, 그 목적을 위해서라면 음모론도 거짓 뉴스도 조작된 정보도 덥석 쥐고 보는 정치꾼들의 모습에 이젠 신물이 난다. 정치전문가들이야 어떤 형태든 답을 갖고 있겠지만, 국민은 당최 알 수 없다. 상식으로 이해되지 않기 때문이다. 우리 국민은 한마디로 오리무중이다.

그 외에도 회색 지대는 차고 넘친다.

대통령 대행을 탄핵할 땐 '국무총리 탄핵 요건'을 적용해야 하는가, '대통령 탄핵 요건'을 적용해야 할 것인가?

그럴 때 국회의장이 '국무총리 탄핵 요건'만 적용하면 된다고 혼자 결정해도 되는가, 국회의장의 월권이 아닌가?

이 모든 걸 헌재가 판단한다고 하는데, 그럼 인간이 움직이는 헌재의 결정은 어떻게 완전하다고 볼 수 있는가? 실제로 한덕수 대통령 대행 탄핵 사건에 관한 헌재의 판결에서 '대통령 대행 탄핵 요건' 부분을 둘러싼 의견은 일치되지 않았다. 국민이 봐도 합의가 나오기 어렵게 생겨 먹었다.

대통령에 대한 구속영장을 원래 관할지가 아닌 서부지법에서 발부받아 구속을 집행하는 건 위법인가, 적법인가?

한바탕 난리법석을 떨고서야 그를 구속한 공수처는 내란죄 성립 여부를 수사하고 판단할 법적인 자격이 있는가, 없는가?

그의 구속이 취소되자 검찰은 상급 기관의 판단을 구하는 즉시항고를 포기하고 바로 풀어주었는데, 이건 문제가 없는가?

칼로 자르듯 흑백을 나누기는 애당초 어려운 노릇이다.

앞으로도 그런 회색 영역은 피할 수 없을 것이고.

따라서 이렇게 말해도 좋을 것이다: 권력의 행사와 견제 방식을 정한 법률은 국민의 약속이고, 이를 엄격히 지키려는 시민의식이 있느냐 없느냐는 바로 대한민국이 선진국이냐의 여부를 가늠하는 잣대다. 권력의 행사 과정에서 발생한 위헌·위법 행위만 핏대를 올려 규탄하고, 권력의 견제 과정에서 발생한 위헌·위법 행위에는 온 나라가 눈을 감아버린다면, 그걸 정상적인 자유민주주의 국가로 볼 수는 없다.

권력의 행사 과정에서
발생한 위헌·위법 행위만
핏대를 올려 규탄하고,
권력의 견제 과정에서 발생한
위헌·위법 행위에는
온 나라가 눈을 감아버린다면,
그걸 정상적인
자유민주주의 국가로
볼 수는 없다.

5장

그러니까 서로 도와 정치하라는 것 아닌가

지금까지 숱한 고위 공무원의 탄핵에 대해 헌법재판소가 한 번도 예외 없이 기각했음에도 '재탄핵'과 '줄탄핵' 협박을 이어가고 있는 국회 다수당. 수적 열세만 탓할 뿐 건설적이고 창의적인 협치의 실마리조차 찾지 못하는, 아니, 아예 찾기를 포기해버린 무능한 여당. 진보와 보수를 가리지 않고 그대들에게 묻고 싶다.

국민의 어디가 아픈지, 알기나 하는가

그대들은, 나라 살림의 권한을 위임받은 그대들은,
'민초'로 불리는 국민의 삶이 어떤지 알고나 있는가.
그 약삭빠른 입으론 맨날 민생이 최우선이라지만,
회의 때마다 민생이 먼저라는 현수막도 걸었지만,
솔직히 민생에 '진심인' 정치인이 하나라도 있는가?

자, 그대들 스스로 진솔하게 물어보라.
우리 경제에 관한 아래의 '팩트'들을 잘 알고 있는가?

• 2025년 0%대로 떨어진다는 우리나라 경제성장률,
• 미국의 관세 정치로 불똥 떨어진 우리 밥줄 수출,
• 원화 가치 지속 하락과 원재료 등 각종 비용 급등,
• 후발주자 중국에도 현저히 뒤진 미래 기술 영역들,
• 매출 반토막에 빚지고 폐업한 자영업자 20만 이상,
• 가계 형편이 작년보다 나쁘다는 국민, 10명 중 7명,
• 국민 허리 휘는 1인당 가계대출 무려 1억 원 육박,
• 일자리·사업의 안정성이 더 나빠질 거란 국민 64%,

- 국민의 경제적 어려움이 가장 큰 영역은 물가 상승,
- 영·유아까지 퍼져 한국의 미래를 망치게 될 사교육,
- 우리나라는 사기가 가장 널리 횡행하는 불명예 국가,
- 투자와 R&D 포기하고 현금 쌓기에 급급한 기업들,
- CDS 프리미엄과 국제사회 한국 신용 위험도 상승,
- 효과를 발휘하지 못하는 정부의 허술한 물가 관리,
- 상속·증여에 부과하는 높은 세금의 함의와 득실,
- 도무지 줄지 않는, 일하다가 목숨 잃는 근로자들,

위의 '팩트'들 중 어느 하나도 그대에게 살 떨리는 위기감을 주지 않거나 그대의 양심을 찌르지 못한다면, 그대들은 국민의 종이 될 자격이 전혀 없다. 당장 정치판을 떠나라. 위의 '팩트'들 중 어느 하나라도 그대가 여태 모르고 있었다면, 그대들은 무능하고 게으르며 공부하지 않는 사이비 정치꾼들이다. 역시 대한민국의 정치에 발을 들여놓을 자격이 없다.

그렇게 민생은 뒷전에 미뤄놓고서 대통령을 탄핵하자느니, 말자느니, 떠들지 말라. 그것을 판단하고 결정하게 되어 있는 기구와 그 전문가들은 허수아비인가. 감히 국민의 이름을 참칭(僭稱)하거나 국민을 핑계 삼아 권력에의 탐욕에 악용하지

말라. 교언영색(巧言令色)으로 어리숙한 국민을 속이지 말라. 세 치 혀가 사람 잡는다고 하지 않았던가. 정치꾼들의 세 치 혀가 모이면 한 나라를 잡을 수도 있다.

이처럼 어둡고 암울한 통계치, 화급하게 손써야 할 살림살이의 팩트들을 모르고서 무슨 민생이며, 무슨 협치며, 무슨 통합이란 말인가. 이래서야 어떻게 견해가 다른 동료 정치인들과 협력하겠다는 말인가.

대통령이 '어떤 당의 누구'인지는 중요하지 않다.
'어떤 인성과 철학을 지닌 인물'이냐가 중요할 뿐.

우리 국민은 반대편과도 기꺼이 손잡고 협치하는 대통령, 국민에 유익한 일이라면 의견이 달라도 서로 도와 정치하는 대통령을 원한다. 우리 국민은 아무리 권력이 달콤해도 '국민의 종'이라는 제 분수를 알고 절제와 예절과 도리를 우선시하는 인간을 대통령으로 모시고 싶다. 그런 인물에게 권력을 선사하는 것이 국민의 행복이다. 국회의원의 선택에서도 마찬가지다. 제 앞길만 챙기는 뻔뻔스러운 의원, 합리와 양보와 배려와 협동을 모르는 의원은 머지않아 국민이 국회로부터 쫓아낼 것이다.

대통령이
'어떤 당의 누구'인지는
중요하지 않다.
'어떤 인성과 철학을
지닌 인물'이냐가
중요할 뿐.

대통령이란 직책을 맡은 사람이 윤석열이든 이재명이든 김 문수이든 한동훈이든 이준석이든, 그게 무슨 상관인가. 착각 하지 말라, 그건 중요하지 않다. 반드시 윤석열이어야 할 일, 없다. 이재명이 아니면 안 될 일, 없다. 그대들의 이마에 '보수' 딱지가 붙었든 '진보' 딱지가 붙었든, 그게 무슨 상관이랴. 대 통령이라는 직책을 맡은 국민의 종과 그대들이 손잡고 힘 합 쳐서 국민을 위해 불철주야 봉사하고 노력하여 국민의 삶을 개선하는 것. 그것만이 중요한 일이다.

그래서 국민은 정치꾼들에게 명령한다.
감히 '국민의 종'들끼리 붙어 싸우지 말 것을 명령한다.
각자 맡은 분야의 산적한 민생부터 해결할 것을 명한다.
의견이 달라도 목적은 하나이니, 협력하기를 명령한다.

산불이 거의 서울 면적을 다 태우고 반백 명이 넘는 국민이 죽어나갔다. 별의별 이름의 관세가 폭탄이 되어 수출 없이는 살기 힘든 우리나라를 시시각각 위협하고 있다. 관세 폭탄도 모자라 북한의 핵폭탄 위협은 갈수록 우리 목을 죈다. 의사는 정부와 싸워서 병원을 떠났고, 애꿎은 환자들만 '응급실 뺑뺑 이' '분만실 뺑뺑이'에 지치거나 명줄을 잃고 있다.

국민의 현실이 이러할진대, 기껏 탄핵 인용이냐 기각이냐를 놓고 돼먹지 못한 경쟁과 분열에 몰두할 때인가. '탄핵의 공'은 오래전에 헌법재판소로 넘어가 있지 않은가. 그들이 어련히 알아서 잘 판단하겠는가. 어떤 이유에서건 헌재를 건드리지 말라.

답이 없더라도 답을 찾아내라

　이런 민생의 난제들은 국민 자신의 힘으로 풀 수 없다. 국회의원이든 다른 위치의 공무원이든 한두 사람의 힘으로도 해결할 수 없다. 그만큼 어렵고 복잡하고 이리저리 뒤엉켜 있기 때문이다. 그렇지만 무슨 수를 쓰든 답을 찾아야 한다. 그것이 국민이 살고 국가가 발전하는 유일한 길이다. 그래서 서로 도우라는 것이다. 좌우를 따지지 말고, 보수 진보를 가리지 말고, 힘을 합쳐 연구하고 해결법을 궁리해야 한다. 그것이 그대들을 향한 국민의 지엄한 명령이다.

　"답이 없지만, 답을 찾으려 노력하는 것이 바둑이다."

　요즘 개봉된 영화 「승부」에는 그런 말이 적힌 낡은 바둑판이 나온다. 스승이 제자에게, 그리고 다시 제자의 제자에게 대물림하는 것으로 묘사된다. 그게 사실인지 허구인지는 중요하지 않다. 바둑에서의 이 진리는 정치의 세계에서도 고스란히 적용된다. 그 점이 중요하다. 답이 없어도 답을 찾아야 함을 깨닫는 것이 정치하는 사람들의 첫째 덕목이다. 국민이 우리 정치인들에게 바라는 것? 바로 그런 성실한 노력이다. 수퍼맨이나 배트맨 같은 영웅을 바라는 게 아니다. 정직하고 성실한 노력, 그뿐이다.

그러니까 전문가들의 말을 들으라는 것 아닌가

전문가 아니면 소상히 알 수 없는 영역은 있게 마련이다. 그런 영역에서 생기는 일들을 논의하려면 신중해야 한다. 의견이 있다고 함부로 떠들고 판단하지 말자는 얘기다.

그럴 땐 부득불 전문가의 말에 귀를 기울여야 한다. 그들의 의견을 존중해야 한다. 전문가를 의심해야 할 객관적이고 명백한 이유가 있는 경우가 아니라면 말이다. 대한민국 국민의 가장 취약한 구석이 바로 이런 전문가의 지식과 의견을 딱히 이유도 없이 거부하는 버릇이다. 권력욕에 사로잡혀 국민을 선동해대는 국회의원이나 다른 공무원들은 말할 것도 없고.

전문가라고 해서 언제나 100% 옳다고 할 수는 물론 없다. 이미 말하지 않았던가, 인간은 불완전할 수밖에 없다고.

그러나, 어쩌겠는가, 싫든 좋든 어느 한쪽을 선택해야 한다면, '우리보다 전문적인' '우리보다 더 잘 아는' 이들의 말을 누구보다 먼저 들어야 한다. 그들이 왜 전문가라는 말을 듣고 세계적인 인정을 받겠는가. 얼마나 숱한 세월을 바치고 피땀 흘려서 그들이 그런 전문지식을 얻었겠는가.

그렇다고 자타가 공인하는 전문가의 의견은 깨끗이 깔아뭉개고, 전문가도 아닌 사람들의 (그러니까, 나나 당신 같은 보통 국민이라든지 혹은 헛된 싸움질이나 해대는 저 국회의원들, 아니면 독버섯 같은 온라인 선동꾼들의) 감정적인 사견, 말도 안 되는 음모론, 편견에 사로잡힌 주장, 혹은 의도가 담긴 논리 따위를 먼저 받아들일 수는 없는 노릇 아닌가.

경제정책에 관한 논쟁이든, 광우병을 둘러싼 치열한 대결이든, 원자력 발전소 오염수 방류의 문제이든, 싸드 미사일의 유해성 논란이든 상관없다. 무지렁이 동료 국민이나 자기 잇속만 챙기려는 정치인들 혹은 유튜버들의 짧은 소견이나 음모론을 따라 판단하고 펄쩍펄쩍 뛰겠는가, 좌우로 나뉘어 게거품 물고 싸워대는 국회의원들이나 공무원들의 말을 따르겠는가, 아니면 국제적으로 인정받고 중립성을 의심할 필요 없는 전문가들의 말을 경청하겠는가. 완벽한 건 없다. 최선의 방책을 택할 뿐이지.

국민과 '국민의 종'들이 전문가의 의견에 귀 기울이지 않고 편을 갈라 싸워대면 어떤 일이 벌어지겠는가? 선진국 국민이 들으면 눈을 크게 뜨고 고개를 갸우뚱할 사태가 최근에만도 몇 번이었던가. 우린 이미 여러 번 그런 꼴을 보지 않았던가. 그 후에 남는 거라곤 국가 자원의 낭비뿐. 그러함에도, 우린 너무나 쉽게 망각하는 약점이 있다.

　2006년 즈음의 이른바 '광우병 논란'을 생각해보라.
　미국의 광우병 발생으로 중단되었던 미국산 쇠고기 수입이 '30개월 미만, 뼈를 제거한 고기'라는 조건으로 재개되면서 광우병을 둘러싸고 한반도에 광우병 난리가 시작되었다. 미국산 소고기가 인간광우병을 초래한다느니, 공기로도 전염된다느니, 정부가 국민의 안전과 검역 주권을 포기했다느니, 별의별 유언비어와 허위정보가 판치고 촛불집회와 그것을 통제하려는 공권력 사이 충돌이 이어졌다. 일부 국민의 말초신경에 호소하는 텍스트와 이미지가 난무했다. 대통령 탄핵 서명운동까지 일어났다.

　전문가 의견과 충고에 귀 기울인 자, 얼마나 있었는가?
　전문가를 무시해서 뭐가 좋아졌나? 무엇이 해결되었나?

꾸준히 그 영향을 추적해서 결과를 밝힌 사람이 있나?

그토록 떠들썩했는데 지금은 이토록 잠잠할 수가 있나?

20여 년이 넘도록 어느 누가 그때의 광란을 반성하는가?

물론 광우병 패닉은 한국에만 한정된 일도 아니었지만, 우리처럼 나라가 둘로 쩍 갈라져 생사가 걸린 문제인 양 내란을 치른 나라는 없었던 것 같다. 사건을 객관적으로 과학적으로 냉정하게 보는 시각을 견지하지 못하는 건 한국인의 부끄러운 속성이다. '냄비'라는 기분 나쁜 별명이 우리에게 붙은 데는 그만한 이유가 있다. 그걸 제대로 다스리지 못하고 분열만 부추긴 정치꾼 선동꾼들의 수치이기도 하다.

왜 헌재에 탄핵을 판단하라고 맡겼는가

　대통령이 탄핵·파면되어야 마땅한지, 아니면 탄핵이 옳지 않으니 기각해야 마땅한지, 그 최종 판단과 결정은 헌법재판소의 몫이다. 그것이 우리 정치와 법률의 체제가 정해놓은 규칙이며, 따라서 그것이 국민과 정치인들과의 약속이기도 하다.

　다시 한번 반복하자, 가장 기본적이고 중요하니까.

　탄핵을 인용하느냐 기각하느냐의 결정은 국회 몫도 아니요, 일반 법원 몫도 아니요, 국민 몫도 아니요, 오로지 헌법재판소의 권리이자 의무다. 어느 한 사람이라도, 어느 한 정당이라도 이걸 어기면 곧바로 혼란과 파탄으로 이어진다.

　왜 그렇게 정했을까? 국민은 그런 제도의 상세한 배경과 내력을 알 길이 없다. 그러나 추측이 되긴 한다. 헌법재판소가 이런 문제에 대한 최종 결정을 내리기에 가장 높은 합리적 지식을 보유한 전문가들의 조직이기 때문이 아닐까. 이론상 완벽하지 않을 수는 있으나, 그들보다 더 적절한 전문가가 없기에 그렇게 법으로 정해놓은 것이 아닐까. 어쨌든 그것이 규정이고 약속이다. 그러므로 모두가 헌재의 결정을 따라야 한다. 그 결정이 무엇이든 말이다.

다시 반복하자. 너무나 중요하다. "모두가" 예외 없이 (대통령 자신은 말할 필요도 없고, 모든 국민과 야당과 여당의 모든 국회의원과 모든 공무원이) 헌재의 결정을 수락해야 한다. 아니, 수락하겠노라고 '사전에' 미리미리 승복해야 한다. 승복하지 않으면 한국은 스스로 자기 법률을 부정하고 치명적인 혼란에 빠질 뿐이다.

탄핵 인용 혹은 기각의 판단이 헌재의 몫이므로, 보수든 진보든 헌재의 결정을 차분히 기다려야 하고 그 판단에 100% 승복해야 한다. 다시 말한다, 보수든 진보든 국회든 국민이든 헌재의 판단에 100% 승복해야 한다. 그래야 대한민국은 자유민주주의 국가 자격이 있다. 그래야 우리는 자긍심을 가져도 좋은 민주 국민이다.

달리 표현해보자. 헌재가 어떻게 판결하는 경우 소위 '국민 저항권'을 행사하겠다며 광장에서 협박한다든가, 헌재가 어떤 판결을 못 하게 의도적으로 가로막거나 겁박한다든가, 헌재가 어떤 판결을 하면 '21세기의 을사오적'이 될 거라고 압박한다든가, 헌재가 어떤 판결에 이르도록(혹은 이르지 못하도록) 법률을 개정하려고 꼼수를 부린다면, 그런 자들은 틀림없는 내란 공모자들이며 국가 반역죄를 범하는 자들이며, 국민을 해치는 죄인들이다.

헌재의 결정에 대한 불복을 꼬드기는 자는 모조리 감옥에 처넣어도 부족할 인간들이다. 이렇게 말하면, "그럼, 헌재 재판관 역시 인간인데, 그들이라고 완전히 옳은 결정을 내린다는 보장이 있는가?"라는 볼멘소리가 틀림없이 나온다. 대답은 간단하다. 그래도 어쩔 수 없다는 단호한 대답이다. 온 나라가 지리멸렬, 허물어지고 박살 나는 사태를 막으려면 그래도 어쩔 수 없다. 어디에선가는 최종 결정을 내려야 하고, 최종 결정은 모두가 존중하고 승복해야 한다. 그리고 그 '어디에선가'가 바로 헌법재판소다.

모든 국민과 모든 공무원이 무조건 헌재의 최종 결정에 승복해야 한다. 야당이든 여당이든, 진보든 보수든, 그 어떤 핑계도, 이유도, 논쟁도, 잔재주도 용납될 수 없다. 용납해서는 절

모든 국민과 모든 공무원이
무조건 헌재의 최종 결정에
승복해야 한다.
야당이든 여당이든,
진보든 보수든,
그 어떤 핑계도, 이유도, 논쟁도,
잔재주도 용납될 수 없다.
헌재의 결정은 완전히
'파이널'이다.

대 안 된다. 헌재의 결정은 완전히 '파이널'이다. 그것이 국민을 위한 약속이다. 국민도, 대통령도, 국회의원도, 기업인도, 공무원도, 군인도 단 한 사람의 예외도 없다. 모두 승복해야 한다.

이제 헌재의 판결 선고는 4월 4일 11시로 확정되었다. 주사위는 던져졌고 루비콘강은 곧 우리 뒤로 물러날 것이다. 국민은 명령한다. 모든 정치인과 동료 시민들에게 명령한다. "그 누구도 헌재 선고에 이의를 달지 말라. 조건 없이 받아들이라."

선고가 내려지기 전에, 훨씬 이전에, '헌재 결정 무조건 승복'을 서약하지 않고 헌재 재판관들을 압박하며 목을 죈 시민과 정치인들은 그 자체로 권력의 견제에 관한 법을 어긴 범법자들이다. 헌법재판소라는 독립 기관의 중립성을 침해했기 때문이다. 성숙한 시민의식을 가진 국민은 이 사실을 두고두고 잊지 않을 것이다.

뭐든 결정할 땐 이해당사자들을 꼭 초대하라

어떤 사안을 결정하려 할 때, 그 결정에 영향을 받게 될 사람들, 즉, 직접적인 이해당사자들을 토의에 포함해야 한다는 생각은 상식의 범주에 있지 않은가. 그런 이해당사자들이 배제된 회의에서 어떻게 합리적인 최선의 결과가 나올 수 있겠는가. 이는 전형적인 탁상공론 또는 탁상행정의 본보기다. 구구한 설명이 필요 없을 것이다.

하지만 이처럼 빤한 상식에도 불구하고 지금 우리 정치권에서 이루어지는 검토·심의와 의사결정에서 이해당사자들이 참여할 기회를 얻지 못하는 경우는 한둘이 아니다. 물론 정치권 내의 토의 과정 이전에 이해당사자들을 포함하는 공청회·토론회나 여론 조사 등의 조치가 있는 경우도 많지만, 아무렇지 않게 '이해당사자 패싱'을 저지르는 사례도 적지 않다.

오랫동안 정치권의 뜨거운 감자였던 연금개혁을 하나의 예로 생각해보자. 물론 나는 연금개혁 이슈를 심도 있게 공부한 적도 없고 내세울 만한 지식도 없다. 그래서 함부로 말 꺼내기가 무척 조심스럽긴 하다. 그러나 말하고자 하는 요지는 중요한 사안의 토의와 결정에 직접 그 영향을 받게 될 이해당사자들을 참여시키자는 것이므로, 혹시 충분하지 못한 부분이 있더라도 너그러이 용서하기를 미리 부탁드린다.

가까운 미래에 초고령사회로 접어들 한국을 책임지는 그 재정적 부담은 바로 우리의 젊은이들이 고스란히 떠안는 것이다. 그렇다면 그 젊은이들을 연금개혁의 기나긴 토론에 적극적으로 초청하여 참여시키고, 그들의 의견과 아이디어를 경청해야 할 것이다. 이해당사자들을 위한 그런 기초적인 배려조차 없이 연금개혁을 시도한다면, 그건 청년들은 군소리하지 말고 어른들이 (그러니까 소위 '꼰대'들이) 정하는 대로 고분고분 따라오라는 얘기가 될 테니 말이다.

물론 연금개혁은 워낙 방대한 프로젝트이고 한두 해에 끝날 수도 없을 만큼 그 과정 또한 일반 국민이 이해할 수 없을 정도의 복잡다단한 절차를 품고 있을 것이다. 그렇지만, 중요한 사안의 논의와 결정에 반드시 그 이해당사자의 참여를 확보하자는 뜻에는 변함이 없다.

국회 연금개혁특별위원회 구성을 들여다봤다. 위원들 가운데 가장 젊다고 하는 사람들이 30대 중·후반이고, 그 수는 고작 4명에 불과하다. 더구나 야당은 개정안에 반대하는 청년의원 서너 명을 모두 위원으로 추천하지 않고 배제했다. 지금 연금제도를 개혁하면 그 영향을 가장 많이 직접 받는 세대는 지금의 10대·20대 젊은이들 아닌가. 그렇다면 30대는 말할 것도 없거니와, 10대·20대의 목소리를 중요한 단계마다 듣고 반영하는 것이 옳아 보인다. 설사 그들이 전문가적 지식이나 비전을 갖추지 못했다 하더라도 말이다. 정책 결정과 법제화와 하위법령 개정 등은 위원회의 몫이지만 논의 과정에 이 젊은 친구들의 다양한 의견도 경청하면 좋지 않겠는가.

이해당사자들을 배제하고 권력을 위임받은 정치인들만 모여서 그들만의 지식과 의견과 관점을 기반으로 도출해낸 정책이나 시스템이 최대·최선의 아웃풋을 내기는 어려울 것이다.

6장

괜히 백년대계라고 하는 게 아니다

파헤치고 들여다보면 문제는 교육이다

　정치인들을 향해 달콤한 권력의 유혹에 빠져 때로 이성을 잃는다고 비난할 수는 있지만, 이 또한 알고 보면 수십 년에 걸쳐 잘못된 방향으로 실시되어온 우리 교육 탓이다. 공감 부족과 유아독존(唯我獨尊)과 지독한 이기심과 욕심도 길 잃은 대한민국의 교육 탓이다. 게다가 우리를 좌절시키는 것은 기초교육의 잘못된 방향 설정이 어제오늘의 일이 아니고, 해방 이후 지금까지 조금도 고쳐지지 않은 채 지금도 더 나빠지고 있다는 사실이다.

　권력자와 부자의 어이없는 거만과 갑질도 교육 탓이다.
　남의 눈을 의식하고 겉멋만 중시하는 것도 교육 탓이다
　걸핏하면 패를 짜 피 터지게 싸우는 것도 교육 탓이다.
　중요한 기초과학에서 한국이 뒤지는 것도 교육 탓이다.
　내 생각만 옳다는 철두철미 배타적 사고도 교육 탓이다.
　거의 모든 정치·사회·문화적 문제는 결국 교육 탓이다.

　아침에 일하러 나갔다가 저녁에 돌아오지 못하는 사망 근로자의 수가 조금도 줄어들지 않는 것, 역시 따지고 보면 교육 탓이다. 성과 만능주의와 승자독식의 비뚤어진 철학이 초래한 비극의 연속이다. 진보 성격의 정부였든 보수 성격의 정부였든 불우하고 힘없는 근로자의 근무 중 사망은 전혀 줄어들지 않았다. 진보·보수 모두 노동의 존엄을 때려 부수는 능력주의를 그냥 두고 보기 때문이다.

그런데, 위에서 언급했듯이 해방 이후의 시간만 따지더라도 그처럼 심각하게 삐뚤어진 교육 시스템이 80년 가까이 이어지고 있다. 경쟁을 조장하는 교육은 근본적으로 인간적인 교육과 상반된다. 누구나 절감하는 바 아닌가. 교실에서 불행이 시작된다는 속삭임이 섬뜩하게 느껴지지 않는가.

대한민국 교육의 위기와 정치권의 무관심, 무대책, 무개념을 성토하는 국민은 주위에서 무시로 만날 수 있지만, 그 목소리는 현실적인 힘을 얻지 못하고 만다. 선거 때마다 표 얻어내기에만 몰두하는 정치인들에게 대한민국 교육의 근원적인 위기를 인식하고 개선에 나서기를 바라는 것 자체가 하늘의 별 따기나 다름없다.

그중 첫 40년이야 세계 최빈국이라는 오명을 벗기 위해 오로지 경제성장에 매달렸으니, 그리고 그런 면에서는 자타 공인 놀라운 성공을 거두었으니, 교육을 등한시한 것도 용서해 주자. 먹고 살기도 어려운 시절이었으니 올바른 교육관 세우기가 어디 쉬웠겠는가. 그러나 최근 40년 동안에도 우리나라를 이끈 정치인들이 일제강점기의 군대식 교육과 마이클 샌델이 '폭군'이라고 불렀던 미국 능력주의 교육의 심각한 결점을 인식조차 못 했다는 것은 정말 용서하기 어렵다.

　　대한민국이 맞닥뜨리고 있는 수많은 문제의 뿌리에는 잘못된 교육이 자리 잡고 있다. 많은 이들이 이에 공감한다. 나 역시 기회만 있으면, 귀를 빌려주는 사람만 있으면, 우리네 교육의 문제점을 전파하려고 무진 애쓴다. 듣는 이들은 대체로 내 말에 공감한다. 옳은 얘기라고 박수도 보내고 고개도 끄덕인다. 그러나 그뿐이다. 어쩔 수 없지 않으냐는 것이다. 맞다. 국민이 어쩌겠는가. 정치권이 앞장서서 개혁을 주도해야 한다.

최근 40년 동안에도
우리나라를 이끈 정치인들이
일제강점기의
군대식 교육과 마이클 샌델이
'폭군'이라고 불렀던
미국 능력주의 교육의
심각한 결점을 인식조차
못 했다는 것은
정말 용서하기 어렵다.

이게 무슨 교육인가, '시험 치는 요령' 훈련이지

어떤 분야 어떤 문제든 정답은 하나뿐이란 생각,

왜냐고 묻지 말고 가르치는 대로 외우라는 생각,

1등만 중요하고 1등이 모든 걸 차지한다는 생각,

내 뜻이나 의견과 다르면 무조건 틀렸다는 생각,

위험한 도전보다 안전한 퇴보가 더 낫다는 생각,

내가 살기 위해선 남들이 죽어도 괜찮다는 생각,

가난·불우·불평등엔 '나 몰라라', 하겠다는 생각.

대한민국의 교육 시스템은 아이들의 찬란한 잠재력을 들추어내고 키워주는 게 아니라, 쓸모없는 죽은 지식을 지금까지도 아이들의 머리에 꾸역꾸역 집어넣고 있다. 아이들이 사유하지 않게 가르치고, 의심하지 않게 억누르고, 비판하거나 질문하지 않게 유도하고, 그러면서 무조건 암기하게 만드는 일종의 파시즘 교육을 여전히 계속하고 있다. 철학자 한나 아렌트는 '무사유(無思惟)가 죄악'이라고까지 목소리를 높이지 않았던가.

지금 대한민국의 교육 체계가 정상이라고 생각하는 국민은 아마도 거의 없을 것이다. 전문가들은 전문가들대로 시민들은 시민들대로 공교육이 무너졌네, 교권이 땅에 떨어졌네, 미쳐버린 사교육이 나라를 망치네, 애들이 한낱 시험 치는 기계로 둔갑했네, 등등 온갖 푸념을 늘어놓고 있지만, 그 누구도 이 빌어먹을 교육 시스템을 뜯어고칠 생각은 하지 않는다. 정치인들은 교육 체계에 관한 한 그 누구도 진심으로 걱정하는 법 없이 세월만 낭비하고 있다.

　　그런 사고방식의 정치인들에게 교육 체계의 참된 개선을 바라는 자체가 어리석은 일일까. 그들의 머릿속에 교육이란 백년대계의 심대한 의미가 와닿지 않는 걸까. 학교에서도 학원에서도 우리의 불쌍한 아이들이 끊임없이 '점수 따기' 훈련만 받고 있다는 사실, 교육부가 나서서 각 대학의 취업률을 그 대학 평가의 주요 지표로 삼고 있다는 사실, 사립대학이 전체 대학의 80%를 훨씬 넘어 대학 교육이 한낱 시장상품으로 추락했다는 사실, 그 명명백백한 사실을 정치인들은 모르는 걸까.

　　알고 보면 그들이나 우리 국민도 모두 심히 왜곡된 교육의 피해자인데, 가슴으로 안 느껴지고 눈에 안 보이는 걸까. 보고도 그냥 놔둘 생각이 드는 걸까. 당장 뜯어고치고 싶어서 몸살이 나야 정상이 아니겠는가.

지금 대한민국 청년의 모습을 보라

    그러는 사이 젊음의 낭만과 교육의 달콤한 열매를 골고루 맛봐야 할 학생들 자신은 어떤 모습인가? 싱그런 꿈으로 무럭무럭 자라야 할 그들의 삶은 어떻게 억눌리고 위축되어 시들어가고 있는가? 정치인들은 그 참담한 모습이 보이지 않는가.

    몸무게의 절반이나 되는 가방을 둘러메고 학교로 학원으로 '뺑뺑이' 다니느라 못 먹고, 그것도 모자라 살 뺀답시고 또 안 먹어, 애들이 모두 영양실조 수준이라는 우스갯소리가 들린다. 몸만 영양실조여도 한심할 텐데, 아이들의 머리는 더욱 걱정이다. 기껏 '시험 치는 기술' 훈련하느라 몰려다니는 와중에 간간이 틈을 내 (그것도 작은 위로랍시고) 스마트폰만 뚫어지게 쳐다보며 서서히 '비디오 멍청이'로 변하고 있는 게 우리네 청춘의 모습이다.

    학생 자신의 의지와는 상관도 없이 전문직으로 우르르 몰렸다가, 다음엔 공무원으로 쏠렸다가, 다시 의료계로 미친 듯 내달는다. 요즘은 초등학교 1학년생을 위한 의과대학 입시 준비 사교육이 성행하고 있단다. 이쯤 되면 이 나라의 사교육 광란은 (광풍 정도가 아니라 광란이다) 위기도 보통 위기가 아니다.

학생들은 '인기 직종, 돈 되는 직업 추구하기'의 악순환만 반복하고 있을 뿐, 올바른 방향도 인생의 참된 목적도 모두 빠르게 상실하고 있다. 찬란하게 빛나고 자유분방해야 할 아이들의 젊음과 꿈이 속절없이 퇴색하고 시들어가는 참상이 보이지 않는가. 감정과 공감 능력은 메말라가고 자율성은 갈수록 감퇴하며 비판적 사고는 씨앗도 못 뿌린 채, 가치관 따위는 머릿속에 들어오지도 않는 우리 청년들의 텅 빈 영혼을 들여다보라.

나의 두 아이도 고등학교 학생들이다. 그래서 나는 젊은 영혼을 파괴하는 이 교육의 무서운 폐단을 날마다 절감하고 있다. 그러면서도 나는 매일 굴복하고 있다. 틀린 길인 줄 알면서도 힘닿는 데까지 사교육을 시키며 아이들을 경쟁의 구렁텅이에서 구해줄 엄두도 못 낸다. 공교육의 권위가 워낙 무너져 있고 사교육의 제국이 워낙 굳건해서다. 시스템의 힘이 너무나 강력해서 어떤 식으로도 저항할 수 없기 때문이다. 나와 같은 갈등에 속이 썩어들어가는 엄마 아빠들이 얼마나 많을까.

우리 부모들은 갈망한다, "선생님이 하는 모든 말을 절대 믿지 말고 의심하세요, 논리적으로 비판하세요, 그래야 성숙한 민주주의자가 됩니다. 절대 무조건 암기하고 따라가지는 마세요."라는 독일의 교육을. 우리 부모들은 모든 아이가 항상 자유롭게 비판하고 사유함으로써 행복한 인간이 되기를 갈망한다.

이런데도 정치는 성적 만능주의의 폭행을 그냥 놔둘 것인가. 초등학생들까지 과외를 시켜야 직성이 풀리는 사교육의 폭주를 언제까지 수수방관할 것인가. 겨우 한 살밖에 안 된 아기들에게 영어를 가르치겠노라고 달마다 '억' 소리 나는 수업료를 경쟁하듯 써대는 부모들을 저대로 내버려둘 것인가. 개인의 선택권, 소비자의 권리라는 명목 아래?

서로 불신하기를, 서로 증오하기를, 서로 물어뜯고 싸워서 이기기만을 부추기는 이 미친 교육을 끝내 두고 볼 것인가. 이것이 정치인들의 책무가 아니라면 누구의 일이란 말인가.

교육 시스템을 한번 잘못 세워놓으면 백 년 동안(대대손손) 온 국민이 그 피해를 고스란히 입는다. 우리 모두 그 피해를 경험

우리 부모들은 갈망한다,
"선생님이 하는 모든 말을
절대 믿지 말고 의심하세요,
논리적으로 비판하세요,
그래야 성숙한
민주주의자가 됩니다.
절대 무조건 암기하고
따라가지는 마세요."
라는 독일의 교육을.

해오고 있다. 지금 그 체제를 고치지 않는다면, 우리의 아들딸들과 그들의 자손들까지도 계속해서 피해자가 될 것이다.

7장

국민이 정치인들보다 더 문제다

헌법재판소장 권한대행을 살해하겠다는 협박 글을 올리고, 대통령의 직무 복귀가 이루어지지 않으면 몇몇 죽이고 자살하겠다는 황당한 유튜버가 있다. 야당 대표는 간첩이고 전직 대통령은 북한에 원전 설계도를 넘겼다고 공언하는 목사도 있다. 그는 광장에서도 상스러운 욕설과 폭언을 서슴지 않는데, 그의 교회에는 사랑이 가장 중요하다는 뜻의 이름이 붙어 있다.

탄핵을 '확실히' 인용해줄 헌재 재판관이 모자랄 것 같아서 불안해진 국회 다수당은 마은혁 임명 압박이 소기의 성과를 내주지 않자, 4월 18일 퇴임 예정인 '자기편' 재판관 두 명의 임기를 연장하는 법률을 만들겠다고 나섰다. 참으로 불쌍하고 한심한 꼴불견이다. 그것만으로 여전히 맘이 안 놓이는지, '자기편' 두 명이 퇴임하더라도 '대통령 편' 두 명이 임명되는 것만큼은 결사 저지하겠노라고 역시 법안을 올렸다고 한다.

뭘 얘기하고 싶은가 하면, 야당은 오로지 윤석열 탄핵과 이재명 추대 외에는 아무런 관심도 흥미도 없다는 일부 국민의 탄식을 그들 스스로 재확인해주고 있으니 안타깝다는 것이다. 분명히 국민의 절반 이상이 지금 야당을 열렬히 지지하고 정권 교체를 희망하고 있다. 이건 다수의 여론 조사로도 드러나는 사실이다. 그런데도 야당의 정치꾼들은 그토록 자신감이 없는 걸까. '꼼수'라는 핀잔과 조롱을 들어가면서까지 정상적이지 못한 입법을 시도해야 할까. 할 수 있는 권한이 있다고 해서, 다 옳은 일은 아니다.

탄핵 인용이 옳다고 믿고 헌재가 인용에 이르도록 평화적으로 촉구하는 건 좋다. 정상이다. 충분히 이해된다.
탄핵 기각이 옳다고 믿는 국민도 마찬가지로 그 믿음을 평화적으로 전파할 권리가 있다. 귀를 기울여줘야 한다.

그러나 만에 하나라도 인용이 (혹은 기각이) 이루어지지 않으면, 민주주의가 무너지고 한국이 망한다고 주장하는 인간들은 염치도 없고 아는 것도 없는 몰상식한 파렴치한이다.

헌재의 결정이 어느 방향으로 흘러갈지, 걱정되시는가.
천만의 말씀, 그따위 걱정은 꽉 붙들어 매시라!
법률과 상식을 굳건히 딛고 야무진 결정을 내릴 테니.

탄핵을 인용하든 기각하든 그건 헌재가 결정할 일이지만,

탄핵 인용이 옳다고 믿고
헌재가 인용에 이르도록
평화적으로 촉구하는 건 좋다.
정상이다. 충분히 이해된다.
탄핵 기각이 옳다고 믿는
국민도 마찬가지로
그 믿음을 평화적으로
전파할 권리가 있다.
귀를 기울여줘야 한다.

어느 쪽이든 대한민국과 대한민국 국민은 끄떡없다. 국민이 서로 갈라져 싸우지만 않는다면 말이다.

다시 말하지만, 인용이든 기각이든 각하이든, 헌재의 결정에는 온 나라가 승복해야 한다. 그것이 정치와 국민 사이의 약속이다. 인용 결정이 나오면 '헌재를 폭발하고 날려버리겠다'고 으름장을 놓는 사이비 종교인들이나, 기각 결정이 나오면 '나라는 무너지고 헌재 재판관들은 역적이 된다'고 대놓고 협박하는 몰상식한 정치꾼들이나, 모두 민주시민이 될 자격이 없는 인간들이다. 그들은 알아야 한다, 그들이야말로 역사의 죄인이라는 사실을.

헌재의 결정이 무엇이든, 그대는 승복하겠는가

이 질문을 구질구질함 없이 깔끔하게 던져보라. 여당 정치인들에게, 야당 정치인들에게, 그들의 지지자들에게, 그리고 국민 개개인인 당신 자신에게 물어보라. 어떤 답이 나오는가.

물론 헌법재판소의 선고가 나온 '후에' 그걸 받아들이느냐 받아들이지 못하느냐 하는 것은 '승복'의 진정한 의미가 아니다. 선고가 발표되어 이미 '과거'의 일이 되어버렸는데 승복할 것인가, 말 것인가가 무슨 소용이겠는가. 승복이란 앞으로 발표될 미래의 선고를 흔쾌히 받아들이겠느냐고 묻는 것이다. 그 선고가 떨어지기 '전에' 헌재를 전적으로 신뢰하여 어떤 결정이든 수용하겠느냐, 아니냐를 선택하는 것이 승복의 진짜 가치다.

이것, 중요하다. 그 답은 너무나도 중요하다. 헌재의 결정에 승복하겠다 혹은 승복 못 하겠다, 하는 이 대답은 사실 헌재가 가까운 미래에 결정할 선고 그 자체보다도 훨씬 더 중요하다.

왜냐고? 한국이 선진국을 향해 나아가느냐, 아니면 후진국으로 되돌아가느냐가 바로 이 대답에 달려 있기 때문이다. 대한민국 정치인들은 말할 것도 없고, 그 국민의 의식 수준이 그 대답과 그 태도에 달려 있기 때문이다. 어리숙한 사람들을 속여먹는 요설을 동원해서 승복하지 말라고 유혹하거나 '승복하지 않으려는' 속셈을 감추는 정치인과 국민이 많다면, 이 나라는 아직도 후진국이다.

헌재에 판단을 맡겨놓았으면, 그 최종 결정을 '조건 없이' 존중해야 한다. 여기에 무슨 설명이 필요한가? 여기에 감히 누가 무슨 이의를 달 수 있겠는가? 그 결정이 인용이든 기각이든, 국민 한 사람도 빠짐없이 모두 무조건 승복해야 한다. 기각해야만 승복하겠다든가, 인용해야만 승복하겠다는 허튼소리를 집어치우라. 조국의 표현을 빌자면, 그것은 '개소리'다.

착각하지 말라. 헌재의 결정이 절대 진리여서 승복하라는 게 아니다. 그 결정이 내 믿음과 정반대일지라도 100% 받아들이라는 얘기다. 무조건 승복이라는 그 태도 자체가 대한민국의 미래에 가장 중요하다고 말하는 이유다.

헌재의 결정에 승복하겠다
혹은 승복 못 하겠다,
하는 이 대답은
사실 헌재가 가까운 미래에
결정할 선고 그 자체보다도
훨씬 더 중요하다.

일단 여당인 국민의힘은 헌재 결정에 승복하겠다고 미리 공개적으로 선언했다. 이후 그들이 실제로 얼마나 깔끔하게 실천할지는 두고 봐야겠지만, 일단 이것은 팩트다. 그들은 승복하겠단다. 이 혼란과 계엄 사태라는 난국을 초래한 대통령이 여당의 한 구성원이므로, 말하자면 원인 제공자로서의 어쩔 수 없는 승복 약속일지도 모르겠지만.

그러면 야당인 더불어민주당은 어떤가? 야당은 승복할 뜻이 없단다. 승복하지 않겠다고 똑 부러지게 말한 건 아니지만, 그렇다고 승복하겠다는 약속은 못 하고 있다. '하늘이 두 쪽 나도' 탄핵의 기각만큼은 수긍하지 못한다는 뜻으로 해석된다. 그 가능성이 두려워서 승복을 약속하지 못하는 건가? 아니면, "우리는 절대 옳고, 저들은 절대 틀렸다."는 근거 없는 확증편향(confirmation bias) 때문인가? 아무튼, 이 역시 팩트다. 야당은 승복할 수 없단다. 헌재의 권위를 부정한다는 뜻이다. 심지어 일부 야당 정치꾼들은 탄핵을 기각하는 재판관이 나오면 그들을 '21세기 을사5적'으로 만들겠노라고 협박까지 하고 있으니, 참 가소롭고 어리석은 노릇이 아닐 수 없다.

이상하지 않은가? 천하 없는 헌재의 결정이라 할지라도, 탄핵 기각만큼은 받아들이지 못하겠다? 이것이 지금 야당의 태도다. 탄핵의 인용만, 다시 말해 자신들이 원하는 반쪽만, 승복하겠다는 얘기다. 그뿐인가, 이재명은 "승복은 우리가 할 게 아니라, 대통령이 해야 한다."라는 너무나도 황당한 답을 내놨다. 설득력이라곤 조금도 없는 동문서답이다. "설사 헌재가 탄핵을 기각하더라도 우리는 승복하겠다."라는 약속을 왜 못하고 있을까? 무엇이 두려워서? 이 국민은 도무지 이해할 수 없다.

만약 헌재에 의해 탄핵이 인용되고 대선이 치러진다면, 야당의 이런 이기적이고 비겁한 태도는 적지 않은 약점이 될 것이다. 전략적으로 패착이라고 본다. 물론 야당 지지자들이야 승복하지 않은 것을 당연히 박수로 환영하겠지만, 대선의 향방을 가를 수도 있는 많은 수의 중도파 유권자들은 결코 이를 곱게 봐주지 않을 것이다. 무르익은 민주주의 의식을 지닌 시민들은 야당의 승복 거부를 두고두고 잊지 않을 것이다.

광장에 몰려나와서 연일 시민의 일상을 방해해온 양쪽의 지지자들, 즉, '탄찬'과 '탄반'의 무리들은 어떨까? 아뿔싸, 이들 역시 승복하겠다고 약속하지 않는다. 이것도 팩트다. 정말 정치인들 못지않게 국민도 큰 문제다, 그렇지 않은가? 심지어 헌재의 결정이 자기네 뜻과 달리 탄핵 인용으로 난다면 헌재를 날려버리겠다는 둥, 유치하고도 폭력적인 정신이상자들도 더러 있다. 광적인 사이비 종교인이거나 극단적인 유튜버 등이다.

대통령 탄핵과 파면을 지지하고 촉구하는 동료 시민들의 협박과 난폭한 언사는 또 어떤가. 조금도 나아 보이지 않는다. 그들은 소추당한 대통령을 지칭해야 할 때마다 아주 대놓고 내란죄 수괴, 죄인으로 부른다. 헌재가 이미 오래전에 탄핵을 인용했고, 내란죄까지 모두 확정되기라도 한 것처럼 말이다.

죄인으로 판단되기도 전에 죄인으로 낙인찍으려는 그들의 열정은 무시무시하다. 그들은 아마도 무죄 추정의 원칙이라는 말을 한 번도 들어본 적이 없는 모양이다. 만약 국민이 그들의 대표를 가리켜 매번 '대장동 사건 범인 이재명'이라든지 '허위사실 유포 범인 이재명'이라고 앙칼지게 부른다면, 그들은 어떻게 반응할까.

어쨌거나 국민도 정치꾼들도 모두 둘로 나뉘어 광장을 쪼개

갖고 싸운다. 어찌나 싸우는 데 정신없이 몰두해 있는지, 내가
지지하는 정치인들이 저지르는 잘못을 가늠해볼 여유라곤 아
예 없다. 반대편 정치인들의 꼴불견만 눈에 들어올 뿐이다. 무
대에 올라 삿대질과 협박을 이어가는 자기편 선동꾼들의 말만
귀에 들어올 뿐이다.

참으로 무지몽매하고 섬뜩한 악순환이다. 그 악순환이 우리
공동체를 그토록 깊고 치명적인 분열과 갈등으로 몰아넣었음
에도 정치인들과 일부 시민들의 고집은 변할 줄 모른다.

결론은 이렇다

모든 문제의 시발점은 국민이다. 왜?

국민이 이 나라의 주인이기 때문이다.

정치인들이 대저 한심하고 탐욕스러운 것?

그들을 뽑고 그들에게 살림을 맡긴 국민 탓이다.

얼토당토않은 계엄 사태를 촉발해 전 세계가 주목하는 대한민국 일촉즉발의 위기 상황을 만들어놓은 대통령? 역시 국민의 선택이 슬기롭지 못했던 탓이다. 그가 계엄의 이유라고 핑계 댄 야당의 소위 '입법 폭주'? 야당의 행위가 정말 문제였다면, 그 역시 야당에 그런 권한을 안겨준 국민의 탓이다. 국민 스스로 했던 선택의 결과를 국민이 감내하고 있는 게다. 이 역시 사필귀정(事必歸正)이라는 보편적 진리의 한 예다.

국민이 똑똑했더라면, 저런 이기적인 인간들을 '국민의 종'으로 간택하지 않았을 테다. 국민이 좀 더 슬기로웠다면 저런 무책임하고 표리부동한 인간들, 권력에만 집착하는 (아니, 권력이라는 말조차 그들에겐 과분하다, 그저 선거에서 한 표 더 얻기에만 눈이 멀어버린) 욕심꾸러기들로 소위 국가 지도자들의 그룹을 만들진 않았을 테다. 국민이 좀 더 미래를 생각할 줄 알았더라면, 철천지원수처럼 '오른쪽' '왼쪽'으로 완전히 갈라진 고집불통의 공동체를 만들진 않았을 테다.

국민이 그 사실을 깨우쳐야 한다.
국민이 먼저 반성해야 길이 보인다.
국민 스스로 뭉쳐야 의견이 전혀 달라도 대립하지 않는 진짜 선진국의 대열에 오를 것이다.

탄핵 정국을 맞아 적지 않은 국민이 이렇게 말했다:
윤석열도 싫지만, 이재명은 더욱 안 돼.

물론 다분히 감정이 섞인 의견이고 무책임해 보일 수 있는 주장일 테지만, 중요한 건 왜 그런 소리가 서서히 퍼져나가고 있는지를 이해하는 일이다. 그런 말을 하는 국민도, 그 말의 대상이 된 이재명도, 모두 그 이유를 파악해야 한다. 그리고 그런 편협한 주장이 나오지 않도록 하는 길을 모색해야 할 것이다.

'윤석열도 싫지만, 이재명은 안 돼' 따위의 트집과 발목잡기에 나는 동의하지 않는다. 유치한 발상이다. 이 글을 쓰고 있는 이 국민의 생각은 다르다. 이제 이 국민은 이렇게 말하려고 한다:

윤석열이면 어떻고 이재명이면 어떤가.
조국인들 뭐가 문제고 한동훈인들 무슨 상관인가.
김문수가 이끈들, 김부겸이 맡은들 무슨 차이인가.

어차피 그들은 국민을 모시는 '국민의 종' 아닌가. 어차피 그들을 간택하는 것은 우리 국민이요, 그들이 주인의 '최대 행복, 최고 복지'를 위해 일하도록 만들 책임도 국민의 몫 아닌가.

'종노릇' 잘할 사람 찾아서 맘에 드는 이를 고르시라.
내가 택한 '종'을 남들도 꼭 좋아해야 하는 법 없으니
남들이야 누구를 고르든 서로 취향을 존중해주시라.
그리고, 양식 있는 동료 시민에게 간곡히 부탁하노니
대다수 국민의 선택이 나의 선택과 다르다고 해서
하늘 무너지는 일 없으니, 구시렁대지 말고 수락하시라.

2025 대한민국 시민 매니페스토
(선언문)

1. 외세의 침입으로부터 보호받는 안전한 환경에서 국민 각자가 맡은 바 임무를 성실히 수행하고 그 노력의 대가로 공정한 보수를 얻으며 개인의 행복을 추구할 모든 자유를 누리고 후세에 물려주는 것 – 그것이 대한민국 국민의 거룩한 권리이자 의무임을 깨닫자.

2. 국민은 우리나라의 주인으로서 '국민의 대리인'이며 '국민의 종'인 공무원을 직접·간접으로 선출하고, 그들에게 위와 같은 국민의 권리·의무를 보호하는 국정의 중차대한 역할을 맡기는 것임을 깨닫자.

3. 지위의 고하를 막론하고 국민을 대리하여 나라 살림을 운영해줄 공무원을 선출하는 가장 직접적이고 효과적인 방법은 투표임을 인식하자. 따라서 선거에는 빠짐없이 모든 유권자가 참여할 뿐만 아니라, '내 뜻'에 따라 가장 적절한 인물을 공무원으로 선출하기 위해서 각 후보자의 인성과 능력과 비전을 가능한 한 철저히 파악하자. 후보가 어느 정당

에 속해 있는 누구냐에 얽매이지 말고, 각 후보자 자신의 '그릇'이 얼마나 큰지를 보고 투표하자.

4. 대한민국의 미래는 바로 우리의 후손들이고, 교육은 그러므로 백년대계다. 따라서 청소년 교육의 중심을 성적 올리기나 시험합격 같은 경쟁적 활동이 아니라, 올바른 인성의 훈육에 두도록 하자. 그리하여 인간적·민주적·자발적·창의적 인간을 키워내는 교육 체계의 구축 사업을 더는 지체하지 말고 바로 시작하자. 국정을 맡은 모든 공무원이 이와 같은 교육의 정상화를 지상최대의 과제로 받아들이도록 촉구하자.

5. 과거의 위정자들이 무식하고 무력한 탓에 한반도가 외세에 의해 남북으로 갈라진 것만도 원통하고 치가 떨리는 일이다. 하물며 그 반쪽마저 다시 보수·진보로, 영남·호남으로, 여당·야당으로, 청년·고령자로, 서울·지방으로 나누어 어떤 방법으로든 분열시키려는 자들을 단호히 거부하자. 국가사회의 일사불란한 통합을 목표 삼아 어떻게든 아우르고 하나 되도록 애쓰는 정치인들에게 국민의 힘을 듬뿍 실어주자.

6. 아래와 같은 인간들은 지금부터 영원히 대한민국의 입법·행정·사법을 위시한 모든 정치 영역에 발도 붙일 수 없도록 철저히 배제하고 축출하자:

- 나라의 주인은 바로 국민임을 잠시라도 잊는 자,
- 공무원은 영광된 '국민의 종'임을 망각하는 자,
- 감투만 차지하면 국민과 약속을 안 지키는 자,
- 다른 사안보다 미래 세대의 교육을 경시하는 자,
- 얼굴 두껍게 '내·로·남·불' 하며 표리부동한 자,
- 객관적 증거가 넘쳐도 끝내 둘러대고 속이는 자,
- 법을 어겨놓고 요리조리 핑계 대고 꼬리 빼는 자,
- '국민의 종'임을 망각하고 사방팔방 갑질하는 자,
- 공정한 경쟁보다 권력·부의 대물림을 추구하는 자,
- 전문가 의견을 무시하고 사익을 좇아 선동하는 자,
- 감투 썼다고 국민 세금을 자기 용돈으로 아는 자,
- 천성이 게을러 의무를 성실히 수행하지 않는 자,
- 감투 뒤에 숨어 어떻게든 법망을 빠져나가려는 자,
- 작은 위험도 과장해 공동체를 불안하게 하는 자,
- 가난하고 불우하고 약한 국민을 나 몰라라 하는 자

7. 국민의 판단은 전문가의 의견과 정보를 기반으로 할 때 가장 합리적임을 인식하자. 전문지식도 없이 선동질이나 해대는 유튜버, 국회의원, 공무원의 말에 휩쓸리거나, 그들의 선동에 빠져 애꿎은 '촛불'을 드는 짓이야말로 치명적인 어리석음임을 깨닫자. 아울러 정치인들에게도 전문가가 제공하는 지식과 정보에 대한 존중과 경청을 요구하자. 인간의 생각은 불완전하고 제한적이지만, 그래도 객관적인 지식과 이성과 논리가 필요할 땐, 전문가의 말에 귀 기울이는 편이 가장 안전하다는 사실을 받아들이자.

8. 동료 시민의 의견이 내 의견과 다를 수 있다는 현실을 겸허하게 받아들이고, 나와 반대 의견이라고 해서 싸우거나 헐뜯지 말자. 나와 다른 의견에도 성실하게 귀를 기울이며, 내 의견을 남에게 억압적으로 떠안기고 강요하지 말자. 비판적 사고를 하지도 않으면서 내 생각이 무조건 옳다고 고집하거나, 합리적 사고 없이 단순히 남을 따라 광장으로 몰려가는 버릇은 정신질환의 일종임을 깨닫자. 시도 때도 없는 광장에서의 대규모 시위는 국력 소모와 세금 낭비를 초래할 뿐만 아니라, 그로 인해 손해를 입고 고통받는 동료 시민이 대단히 많다는 사실을 잊지 말자.

9. 테오도어 아도르노는 나약한 자아가 민주주의를 위협하는
   최대의 적이라고 했다. 독재자보다도 더 무서운 것이 내 안
   에 도사리고 있는 약해빠진 자아임을 깨닫고, 꾸준히 공부
   하고 합리적인 사유를 단련함으로써 건전한 비판의식을 배
   양해 결코 권력의 선동에 휘둘리지 않는 강력한 자아를 구
   축하자.

[부록1] 헌법재판소 '윤석열 탄핵 사건' 선고 요지 (전문)

지금부터 2024헌나8 대통령 윤석열 탄핵 사건에 대한 선고를 시작하겠습니다.

◆ 먼저, 적법 요건에 관하여 살펴보겠습니다.

① 이 사건 계엄 선포가 사법심사의 대상이 되는지에 관하여 보겠습니다.

고위공직자의 헌법 및 법률 위반으로부터 헌법 질서를 수호하고자 하는 탄핵 심판의 취지 등을 고려하면, 이 사건 계엄 선포가 고도의 정치적 결단을 요하는 행위라 하더라도 그 헌법 및 법률 위반 여부를 심사할 수 있습니다.

② 국회 법사위의 조사 없이 이 사건 탄핵소추안을 의결한 점에 대하여 보겠습니다.

헌법은 국회의 소추 절차를 입법에 맡기고 있고, 국회법은 법사위 조사 여부를 국회의 재량으로 규정하고 있습니다. 따라서 법사위의 조사가 없었다고 하여 탄핵소추 의결이 부적법하다고 볼 수 없습니다.

③ 이 사건 탄핵소추안의 의결이 일사부재의 원칙에 위반되는지 여부에 대하여 보겠습니다.

국회법은 부결된 안건을 같은 회기 중에 다시 발의할 수 없도록 규정하고 있습니다. 피청구인에 대한 1차 탄핵소추안이 제418회 정기회 회기에 투표 불성립되었지만, 이 사건 탄핵소추안은 제419회 임시회 회기 중에 발의되었으므로, 일사부재의 원칙에 위반되지 않습니다.

한편 이에 대해서는 다른 회기에도 탄핵소추안의 발의 횟수를 제한하는 입법이 필요하다는 재판관 정형식의 보충 의견이 있습니다.

④ 이 사건 계엄이 단시간 안에 해제되었고, 이로 인한 피해가 발생하지 않았으므로 보호이익이 흠결되었는지 여부에 대하여 보겠습니다.

이 사건 계엄이 해제되었다고 하더라도 이 사건 계엄으로 인하여 이 사건 탄핵 사유는 이미 발생하였으므로 심판의 이익이 부정된다고 볼 수 없습니다.

⑤ 소추의결서에서 내란죄 등 형법 위반 행위로 구성하였던 것을 탄핵 심판 청구 이후에 헌법 위반 행위로 포섭하여 주장한 점에 대하여 보겠습니다.

기본적 사실관계는 동일하게 유지하면서 적용 법조문을 철회·변경하는 것은 소추 사유의 철회·변경에 해당하지 않으므로, 특별한 절차를 거치지 않더라도 허용됩니다.

피청구인은 소추 사유에 내란죄 관련 부분이 없었다면 의결정족수를 충족하지 못하였을 것이라고도 주장하지만, 이는 가정적 주장에 불과하며 객관적으로 뒷받침할 근거도 없습니다.

⑥ 대통령의 지위를 탈취하기 위하여 탄핵소추권을 남용하였다는 주장에 대하여 보겠습니다.

이 사건 탄핵소추안의 의결 과정이 적법하고, 피소추자의 헌법 또는 법률 위반이 일정 수준 이상 소명되었으므로, 탄핵 소추권이 남용되었다고 볼 수 없습니다.

그렇다면 이 사건 탄핵 심판 청구는 적법합니다.

한편 증거 법칙과 관련하여, 탄핵 심판 절차에서 형사소송법상 전문법칙을 완화하여 적용할 수 있다는 재판관 이미선, 김형두의 보충 의견과 탄핵 심판 절차에서 앞으로는 전문법칙을 보다 엄격하게 적용할 필요가 있다는 재판관 김복형, 조한창의 보충 의견이 있습니다.

◆ 다음으로 피청구인이 직무집행에 있어 헌법이나 법률을 위반하였는지, 피청구인의 법위반 행위가 피청구인을 파면할 만큼 중대한 것인지에 관하여 살펴보겠습니다.

우선 소추 사유별로 살펴보겠습니다.
① 이 사건 계엄 선포에 관하여 보겠습니다.

ㅇ 헌법 및 계엄법에 따르면, 비상계엄 선포의 실체적 요건 중 하나는 '전시·사변 또는 이에 준하는 국가비상사태로 적과

교전 상태에 있거나 사회질서가 극도로 교란되어 행정 및 사법 기능의 수행이 현저히 곤란한 상황이 현실적으로 발생하여야 한다'는 것입니다.

피청구인은 야당이 다수의석을 차지한 국회의 이례적인 탄핵소추 추진, 일방적인 입법권 행사 및 예산 삭감 시도 등의 전횡으로 인하여 위와 같은 중대한 위기 상황이 발생하였다고 주장합니다.

피청구인의 취임 후 이 사건 계엄 선포 전까지 국회는 행안부장관, 검사, 방통위 위원장, 감사원장 등에 대하여 총 22건의 탄핵소추안을 발의하였습니다. 이는 국회가 탄핵소추 사유의 위헌·위법성에 대해 숙고하지 않은 채 법 위반의 의혹에만 근거하여 탄핵 심판 제도를 정부에 대한 정치적 압박 수단으로 이용하였다는 우려를 낳았습니다.

그러나 이 사건 계엄 선포 당시에는 검사 1인 및 방통위 위원장에 대한 탄핵 심판 절차만이 진행 중이었습니다.

피청구인이 야당이 일방적으로 통과시켜 문제가 있다고 주장하는 법률안들은 피청구인이 재의를 요구하거나 공포를 보류하여 그 효력이 발생하지 않은 상태였습니다.

2025년도 예산안은 2024년 예산을 집행하고 있었던 이 사건 계엄 선포 당시 상황에 어떠한 영향을 미칠 수 없고, 위 예산안에 대하여 국회 예결특위의 의결이 있었을 뿐 본회의의 의결이 있었던 것도 아닙니다.

따라서 국회의 탄핵소추, 입법, 예산안 심의 등의 권한 행사가 이 사건 계엄 선포 당시 중대한 위기 상황을 현실적으로 발생시켰다고 볼 수 없습니다.

국회의 권한 행사가 위법·부당하더라도, 헌법재판소의 탄핵 심판, 피청구인의 법률안 재의요구 등 평상시 권력 행사 방법으로 대처할 수 있으므로, 국가긴급권의 행사를 정당화할 수 없습니다.

피청구인은 부정선거 의혹을 해소하기 위하여 이 사건 계엄을 선포하였다고도 주장합니다. 그러나 어떠한 의혹이 있다는 것만으로 중대한 위기 상황이 현실적으로 발생하였다고 볼 수는 없습니다.

또한 중앙선관위는 제22대 국회의원 선거 전에 보안 취약점에 대하여 대부분 조치하였다고 발표하였으며, 사전·우편 투표함 보관장소 CCTV 영상을 24시간 공개하고 개표과정에 수검표 제도를 도입하는 등의 대책을 마련하였다는 점에서도 피청구인의 주장은 타당하다고 볼 수 없습니다.

결국 피청구인이 주장하는 사정을 모두 고려하더라도, 피청구인의 판단을 객관적으로 정당화할 수 있을 정도의 위기 상황이 이 사건 계엄 선포 당시 존재하였다고 볼 수 없습니다.

헌법과 계엄법은 비상계엄 선포의 실체적 요건으로, '병력으로써 군사상의 필요에 응하거나 공공의 안녕질서를 유지할 필요와 목적이 있을 것'을 요구하고 있습니다.

그런데 피청구인이 주장하는 국회의 권한 행사로 인한 국정 마비 상태나 부정선거 의혹은 정치적·제도적·사법적 수단을 통하여 해결하여야 할 문제이지, 병력을 동원하여 해결할 수 있는 것이 아닙니다.

피청구인은 이 사건 계엄이 야당의 전횡과 국정 위기 상황을 국민에게 알리기 위한 '경고성 계엄' 또는 '호소형 계엄'이라고 주장하지만, 이는 계엄법이 정한 계엄 선포의 목적이 아닙니다.

또한 피청구인은 계엄 선포에 그치지 아니하고 군경을 동원하여 국회의 권한 행사를 방해하는 등의 헌법 및 법률 위반 행위로 나아갔으므로, 경고성 또는 호소형 계엄이라는 피청구인의 주장을 받아들일 수 없습니다.

그렇다면 이 사건 계엄 선포는 비상계엄 선포의 실체적 요건을 위반한 것입니다.

○ 다음으로, 이 사건 계엄 선포가 절차적 요건을 준수하였는지에 관하여 보겠습니다.

계엄의 선포 및 계엄사령관의 임명은 국무회의의 심의를 거쳐야 합니다.

피청구인이 이 사건 계엄을 선포하기 직전에 국무총리 및 9명의 국무위원에게 계엄 선포의 취지를 간략히 설명한 사실은 인정됩니다.

그러나 피청구인은 계엄사령관 등 이 사건 계엄의 구체적인 내용을 설명하지 않았고 다른 구성원들에게 의견을 진술할 기회를 부여하지 않은 점 등을 고려하면 이 사건 계엄 선포에 관한 심의가 이루어졌다고 보기도 어렵습니다.

그 외에도, 피청구인은 국무총리와 관계 국무위원이 비상계엄 선포문에 부서하지 않았음에도 이 사건 계엄을 선포하였고, 그 시행일시, 시행지역 및 계엄사령관을 공고하지 않았으며, 지체 없이 국회에 통고하지도 않았으므로, 헌법 및 계엄법이 정한 비상계엄 선포의 절차적 요건을 위반하였습니다.

② 국회에 대한 군경 투입에 관하여 보겠습니다.

피청구인은 국방부 장관에게 국회에 군대를 투입할 것을 지시하였습니다.

이에 군인들은 헬기 등을 이용하여 국회 경내로 진입하였고, 일부는 유리창을 깨고 본관 내부로 들어가기도 하였습니다.

피청구인은 육군 특수전사령관 등에게 '의결정족수가 채워지지 않은 것 같으니, 문을 부수고 들어가서 안에 있는 인원들을 끄집어내라'는 등의 지시를 하였습니다.

또한 피청구인은 경찰청장에게 계엄사령관을 통하여 이 사건 포고령의 내용을 알려주고, 직접 6차례 전화를 하기도 하였습니다. 이에 경찰청장은 국회 출입을 전면 차단하도록 하였습니다.

이로 인하여 국회로 모이고 있던 국회의원들 중 일부는 담장을 넘어가야 했거나 아예 들어가지 못하였습니다.

한편, 국방부 장관은 필요시 체포할 목적으로 국군방첩사령관에게 국회의장, 각 정당 대표 등 14명의 위치를 확인하라고 지시하였습니다. 피청구인은 국가정보원 1차장에게 전화하여 국군방첩사령부를 지원하라고 하였고, 국군방첩사령관은 국가정보원 1차장에게 위 사람들에 대한 위치 확인을 요청하였습니다.

이와 같이 피청구인은 군경을 투입하여 국회의원의 국회 출

입을 통제하는 한편 이들을 끌어내라고 지시함으로써 국회의
권한 행사를 방해하였으므로, 국회에 계엄 해제 요구권을 부
여한 헌법 조항을 위반하였고, 국회의원의 심의·표결권, 불체
포특권을 침해하였습니다.

또한 각 정당의 대표 등에 대한 위치 확인 시도에 관여함으
로써 정당 활동의 자유를 침해하였습니다.

피청구인은 국회의 권한 행사를 막는 등 정치적 목적으로
병력을 투입함으로써, 국가 안전보장과 국토방위를 사명으로
하여 나라를 위해 봉사하여온 군인들이 일반 시민들과 대치하
도록 만들었습니다.

이에 피청구인은 국군의 정치적 중립성을 침해하고 헌법에
따른 국군 통수 의무를 위반하였습니다.

③ 이 사건 포고령 발령에 관하여 보겠습니다.

피청구인은 이 사건 포고령을 통하여 국회, 지방의회, 정당
의 활동을 금지함으로써 국회에 계엄 해제 요구권을 부여한

헌법 조항, 정당제도를 규정한 헌법 조항과 대의민주주의, 권력분립 원칙 등을 위반하였습니다.

비상계엄하에서 기본권을 제한하기 위한 요건을 정한 헌법 및 계엄법 조항, 영장주의를 위반하여 국민의 정치적 기본권, 단체행동권, 직업의 자유 등을 침해하였습니다.

④ 중앙선관위에 대한 압수·수색에 관하여 보겠습니다.

피청구인은 국방부 장관에게 병력을 동원하여 선관위의 전산시스템을 점검하라고 지시하였습니다. 이에 따라 중앙선관위 청사에 투입된 병력은 출입통제를 하면서 당직자들의 휴대전화를 압수하고 전산시스템을 촬영하였습니다.

이는 선관위에 대하여 영장 없이 압수·수색을 하도록 하여 영장주의를 위반한 것이자 선관위의 독립성을 침해한 것입니다.

⑤ 법조인에 대한 위치 확인 시도에 관하여 보겠습니다.

앞서 말씀드린 바와 같이, 피청구인은 필요 시 체포할 목적으로 행해진 위치 확인 시도에 관여하였는데, 그 대상에는 퇴임한 지 얼마 되지 않은 전 대법원장 및 전 대법관도 포함되어 있었습니다.

이는 현직 법관들로 하여금 언제든지 행정부에 의한 체포 대상이 될 수 있다는 압력을 받게 하므로, 사법권의 독립을 침해한 것입니다.

◆ 지금까지 살펴본 피청구인의 법 위반 행위가 피청구인을 파면할 만큼 중대한 것인지에 관하여 보겠습니다.

피청구인은 국회와의 대립 상황을 타개할 목적으로 이 사건 계엄을 선포한 후 군경을 투입하여 국회의 헌법상 권한 행사를 방해함으로써 국민주권주의 및 민주주의를 부정하고, 병력을 투입하여 중앙선관위를 압수·수색하도록 하는 등, 헌법이 정한 통치구조를 무시하였으며, 이 사건 포고령을 발령함으로써 국민의 기본권을 광범위하게 침해하였습니다.

이러한 행위는 법치국가 원리와 민주국가 원리의 기본원칙들을 위반한 것으로서, 그 자체로 헌법 질서를 침해하고 민주 공화정의 안정성에 심각한 위해를 끼쳤습니다.

한편 국회가 신속하게 비상계엄 해제 요구 결의를 할 수 있었던 것은 시민들의 저항과 군경의 소극적인 임무 수행 덕분이었으므로, 이는 피청구인의 법 위반에 대한 중대성 판단에 영향을 미치지 않습니다.

대통령의 권한은 어디까지나 헌법에 의하여 부여받은 것입니다. 피청구인은 가장 신중히 행사되어야 할 권한인 국가긴급권을 헌법에서 정한 한계를 벗어나 행사하여 대통령으로서의 권한 행사에 대한 불신을 초래하였습니다.

피청구인이 취임한 이래 야당이 주도하고 이례적으로 많은 탄핵소추로 인하여 여러 고위공직자의 권한 행사가 탄핵 심판 중 정지되었습니다.

2025년도 예산안에 관하여 헌정사상 최초로 국회 예산결산특별위원회에서 증액 없이 감액에 대해서만 야당 단독으로 의결하였습니다.

피청구인이 수립한 주요 정책들은 야당의 반대로 시행될 수 없었고, 야당은 정부가 반대하는 법률안들을 일방적으로 통과시켜 피청구인의 재의 요구와 국회의 법률안 의결이 반복되기도 하였습니다.

그 과정에서 피청구인은 야당의 전횡으로 국정이 마비되고 국익이 현저히 저해되어 가고 있다고 인식하여 이를 어떻게든 타개하여야만 한다는 막중한 책임감을 느끼게 되었을 것으로 보입니다.

피청구인이 국회의 권한 행사가 권력 남용이라거나 국정 마비를 초래하는 행위라고 판단한 것은 정치적으로 존중되어야 합니다.

그러나 피청구인과 국회 사이에 발생한 대립은 일방의 책임에 속한다고 보기 어렵고, 이는 민주주의 원리에 따라 해소되어야 할 정치의 문제입니다. 이에 관한 정치적 견해의 표명이나 공적 의사결정은 헌법상 보장되는 민주주의와 조화될 수 있는 범위에서 이루어져야 합니다.

국회는 소수의견을 존중하고 정부와의 관계에서 관용과 자제를 전제로 대화와 타협을 통하여 결론을 도출하도록 노력하였어야 합니다.

피청구인 역시 국민의 대표인 국회를 협치의 대상으로 존중하였어야 합니다.

그럼에도 불구하고 피청구인은 국회를 배제의 대상으로 삼았는데 이는 민주정치의 전제를 허무는 것으로 민주주의와 조화된다고 보기 어렵습니다.

피청구인은 국회의 권한 행사가 다수의 횡포라고 판단했더라도 헌법이 예정한 자구책을 통해 견제와 균형이 실현될 수 있도록 하였어야 합니다.

피청구인은 취임한 때로부터 약 2년 후에 치러진 국회의원 선거에서 피청구인이 국정을 주도하도록 국민을 설득할 기회가 있었습니다. 그 결과가 피청구인의 의도에 부합하지 않더라도 야당을 지지한 국민의 의사를 배제하려는 시도를 하여서는 안 되었습니다.

그럼에도 불구하고 피청구인은 헌법과 법률을 위반하여 이 사건 계엄을 선포함으로써 국가긴급권 남용의 역사를 재현하여 국민을 충격에 빠트리고, 사회·경제·정치·외교 전 분야에 혼란을 야기하였습니다.

　국민 모두의 대통령으로서 자신을 지지하는 국민을 초월하여 사회공동체를 통합시켜야 할 책무를 위반하였습니다.

　군경을 동원하여 국회 등 헌법기관의 권한을 훼손하고 국민의 기본적 인권을 침해함으로써 헌법수호의 책무를 저버리고 민주공화국의 주권자인 대한 국민의 신임을 중대하게 배반하였습니다.

　결국 피청구인의 위헌·위법행위는 국민의 신임을 배반한 것으로, 헌법수호의 관점에서 용납될 수 없는 중대한 법 위반 행위에 해당합니다.

　피청구인의 법 위반 행위가 헌법 질서에 미친 부정적 영향과 파급효과가 중대하므로, 피청구인을 파면함으로써 얻는 헌법수호의 이익이 대통령 파면에 따르는 국가적 손실을 압도할 정도로 크다고 인정됩니다.

이에 재판관 전원의 일치된 의견으로 주문을 선고합니다.

탄핵 사건이므로 선고 시각을 확인하겠습니다. 지금 시각은
오전 11시 22분입니다.

주문

피청구인 대통령 윤석열을 파면한다.

이것으로 선고를 마칩니다.

[부록2] 선고에 관한 재판관의 보충 의견

4월 4일 헌법재판소의 윤석열 대통령 파면 선고에서 결론을 달리 한 '반대 의견'이나 이유가 다른 '별개 의견'은 단 한 건도 없었다. 다만, 탄핵소추 및 심판의 절차 부분에 국한해서 재판관 5명으로부터 3건의 '보충 의견'이 나왔을 뿐이다.

1) 정형식 재판관의 보충 의견

"국회 다수당이 탄핵제도를 정쟁의 도구로 변질시킬 위험이 있고, 그로 인해 정치적 혼란이 가중될 우려가 크다. 소추사유에 변동 없는 탄핵소추안의 재발의는 제한될 필요가 있어 발의 횟수를 제한하는 입법이 필요하다. 입법자는 탄핵소추의 성격과 본질, 공익 사이의 형량 등을 고려해 탄핵소추안의 발의 횟수에 관한 규정을 마련할 필요가 있다."

2) 이미선·김형두 재판관의 보충 의견

"탄핵심판 절차와 형사소송 절차의 차이, 신속한 절차 진행의 필요성 등을 종합적으로 고려하면 '전문법칙'(서면이나 타인의 진술 등 간접적으로 전달된 증거는 인정하지 않는다는 원칙)에 관한 형사소송법 조항들을 완화해 적용할 수 있다. 피의자 신문조서 또는 진술조서는 그 절차의 적법성이 담보되는 범위에서 증거로 채택할 수 있다."

3) 김복형·조한창 재판관의 보충 의견

"대통령 탄핵심판의 중대성과 파급력의 측면, 피청구인의 방어권 보장의 측면에서 형사소송법상 전문법칙을 최대한 엄격하게 적용하는 것이 바람직하다. 피청구인에게 반대신문 기회를 부여하는 것이 반드시 탄핵심판의 신속성의 요청에 반하거나, 그보다 덜 중요하다고 보기 어렵다. 이제는 탄핵심판 절차의 신속성과 공정성, 두 가지 충돌되는 가치를 보다 조화시킬 방안을 모색할 시점이다."

구시렁구시렁

이 책은 대통령 탄핵에 대한 헌법재판소의 판결이 내려지기 딱 하루 전 4월 3일에 탈고했다. 따라서, 그럴 마음만 있었다면, 제작에 돌입하기 전에 얼마든지 그 내용을 여기저기 손보고 조금씩 바꿀 수도 있었다. 헌재 선고의 내용에 좀 더 어울리도록, 헌재 선고로 이미 심리적인 영향을 받은 국민의 입맛에 좀 더 맞도록, 보기 좋게 수정할 수도 있었다.

그러나 나는 그렇게 하지 않았다. 그럴 필요를 전혀 느끼지 않았기 때문이다. 핵심만 따지자면 이 책은 국민의 각오와 자성을 촉구하는 글이다. 계엄과 탄핵으로 시작된 일련의 불행한 사태가 이 책을 쓰게 만든 방아쇠가 된 건 맞지만, 탄핵 인용-기각-각하 결정은 그 핵심 내용과 일절 무관하다. 이 책에는 윤석열이 파면당하든 직무에 복귀하든 전혀 상관없는, 국민의 반성과 다짐을 실었기 때문이다.

다시 말하거니와 대통령이든, 국회의원이든, 장·차관이든, 군 장성이든, 경찰청장이든, 교육감이든, 공무원은 모두 국민의 종이다. 지위 고하를 막론하고, 맡은 일의 성격이 무엇이든, 그들은 국민의 종이다. 그들이 단지 국민을 위해 일할 수 있도록 국민이 (직접이든 간접이든) 그들을 선택했고, 국민이 합당한 의무와 권리를 안겨주었기 때문이다. 나라와 나라 살림의 주인은 국민이다. 이 진실은 모든 공무원도 물론 알아야 하겠지만, 국민 자신도 똑똑히 인식하고 머릿속에 깊이 새겨야 한다. 주인이 주인답게 굴지 않고서 어떻게 종이 맡은 임무를 착실히 수행하리라고 기대할 수 있겠는가.

다시 한번 말해두자. 윤석열이면 어떻고 이재명이면 어떤가. 조국이면 어떻고 한동훈이면 어떤가. 진보면 어떻고 보수면 어떤가. 진보가 국정을 맡으면 나라를 팔아먹기라도 한단 말인가. 보수가 여당이면 우리나라가 후진국으로 돌아가기라도 한단 말인가. 어림 반 푼어치도 없는 소리다. 수천 년에 걸쳐 우리 국민이 흘린 피와 땀과 인내로 단단히 자리 잡은 대한민국은 그리 쉽게 무너지지 않는다. 어떤 어려움도 국민이 헤쳐나간다. 국민의 종인 공무원들은 허튼 생각 하지 말고 국민의 뒤를 단단히 받쳐주기만 하면 된다.

하긴, '국민의 종'이 무슨 문제겠는가. 가장 중요하고 따라서 가장 정신을 바짝 차려야 할 주체는 바로 국민 자신이다. 나라의 주인은 국민이기 때문이다. 주인이 허무맹랑한 엉터리인데 제대로 잘 돌아가는 집안을 봤는가. 대통령 이하 모든 공무원은 겸손한 자세로 정직하고 성실하게 국민의 복지와 국가의 미래를 위해 일해주면 그걸로 충분하지 않겠는가. 그렇다, 그걸로 국민은 행복하다. 따라서 국민이 그런 사람, 그런 인재, 그런 종을 적극적으로 뽑는 의무를 절대 소홀히 해서는 안 된다.

이 책의 요체는, 그러므로, 여기 있다.

"국민이여, 정신 차리자."

그러나 국민에게 드릴 위로의 말씀도 없지 않다.

"대한민국 국민이여, 폭싹 속았수다."

"국민이여,
정신 차리자."

"대한민국 국민이여,
폭싹 속았수다."

국민도 한마디 합시다

초판 1쇄 인쇄 2025년 4월 11일
초판 1쇄 발행 2025년 4월 19일

글 | 권기대
펴낸이 | 배혜진
펴낸곳 | ㈜베가북스

주소 | (07261) 서울특별시 영등포구 양산로17길 12, 후민타워 6-7층
대표전화 | 02)322-7241   팩스 | 02)322-7242
출판등록 | 2021년 6월 18일 제2021-000108호
홈페이지 | www.vegabooks.co.kr   이메일 | info@vegabooks.co.kr
ISBN | 979-11-94831-03-7 (03300)